KB095459

_____ 님의 소중한 미래를 위해
이 책을 드립니다.

주린이도 술술 읽는
친절한 주식책

주린이도 술술 읽는

친절한
주식책

주식 왕초보가 꼭 알아야 할 기본

최정희 · 이슬기 지음

메이트북스

메이트북스 우리는 책이 독자를 위한 것임을 잊지 않는다.
우리는 독자의 꿈을 사랑하고,
그 꿈이 실현될 수 있는 도구를 세상에 내놓는다.

주린이도 술술 읽는 친절한 주식책

초판 1쇄 발행 2020년 9월 1일 | 초판 36쇄 발행 2021년 2월 17일 | **지은이** 최정희 · 이슬기
펴낸곳 ㈜원앤원콘텐츠그룹 | **펴낸이** 강현규 · 정영훈
책임편집 안정연 | **편집** 유지윤 · 오희라 | **디자인** 최정아
마케팅 김형진 · 차승환 · 정호준 | **경영지원** 최향숙 · 이혜지 | **홍보** 이선미 · 정채훈
등록번호 제301-2006-001호 | **등록일자** 2013년 5월 24일
주소 04607 서울시 중구 다산로 139 랜더스빌딩 5층 | **전화** (02)2234-7117
팩스 (02)2234-1086 | **홈페이지** www.matebooks.co.kr | **이메일** khg0109@hanmail.net
값 15,000원 | **ISBN** 979-11-6002-298-8 03320

이 도서의 국립중앙도서관 출판시도서목록(CIP)은 e-CIP홈페이지(http://www.nl.go.kr/ecip)에서
이용하실 수 있습니다.(CIP제어번호 : CIP2020033603)

사업을 정확하게 판단하는 것과 동시에
무섭게 확산하는 시장 심리에
휩쓸리지 않을 때 성공할 것이다.

● 워런 버핏(세계적인 투자 귀재) ●

지은이의 말

주식이 처음이라면
이 책으로 기본을 갖춥시다!

주식투자를 하다 보면 가끔 엄청난 혼란에 빠지게 됩니다. 나는 분명 우리나라에서 가장 좋다는 회사의 주식을 샀고 친구는 어디서 듣도 보도 못한 주식을 샀는데, 어이없게도 내 계좌는 마이너스가 났고 친구는 보름 만에 두 배를 벌고 손을 털었다는 얘기를 들을 때가 있기 때문입니다. 어찌된 일일까요? 내 부족한 정보력을 탓해야 할까요?

그래서 그 친구가 추천하는 주식을 호기롭게 사보기도 합니다. 그랬더니 친구가 살 때는 팍팍 오르던 주식이 내가 사자마자 매일 하락하기만 하네요. 이번엔 실적도 잘 나오고 미래도 밝아보이는 주식을 사봤습니다. 그러나 주가는 또 뚝뚝 떨어집니다. '아, 이번에도 아닌가 봐' 하면서 팔고 나오면 머피의 법칙처럼 그때부터 주가가 오르고 말이죠. 정말 환장할 노릇입니다. 이런 악순환이 반복되다 보니 '역시 주식으론 돈 못 번다'며 주식투자를 접는 사람도 많습니다.

그 근간에는, 주식을 기업의 성장을 나눠 갖는 투자처라고 생각하지 않고 주식으로 한탕 해보겠다는 마음이 있습니다. 누군가는 '정보'가 없어 투자를 못 한다고도 푸념하는데, 이건 상당히 위험한 발언입니다. 그런 정보를 이용해 돈을 버는 것은 범죄이기 때문입니다.

실제 처벌된 예도 있습니다. 김씨는 자신의 아들이 한 상장사의 유상증자에 참여해 그 회사를 인수한다는 소식을 부인에게 들었습니다. 김씨는 아들을 자랑하고픈 마음에 동네 주민 이씨에게 이 사실을 얘기했는데요, 이씨는 그 얘기를 듣고 홀랑 그 회사의 주식을 사서 차익을 남긴 거죠. 그러자 금융위원회는 이씨에 대해 자본시장법을 위반했다며 3,940만원의 과징금을 매겼습니다. 이씨는 자기가 불법을 저지르는지도 몰랐다고 하네요. 2016년에 있었던 실화입니다.

주식이 도박이나 범죄가 되지 않기 위해선 주식이 무엇인지, 룰은 무엇인지 잘 알아둬야 합니다. 만약 주식을 제대로 알지도 못한 채 투자하게 되면 "원금을 두 배로 만들어드리겠다"라는 식의 카카오톡 오픈채팅방의 사기꾼들한테까지 넘어가게 됩니다. 그러다가 손실만 보면 다행이게요. 나도 모르는 사이에 불법을 저질러 벌금을 물게 될 수도 있습니다.

이쯤되면 주식에 왜 투자해야 하는지 의문일 겁니다. 그러나 많은 이들에게 주식투자는 필수적인 상황이 되었습니다. 2008년 금융위기 이후 12년째 저금리가 지속되고 있고, 2020년초 발생한 신종 코로나 바이러스는 저금리 환경이 여기서 더 오랫동안 이어질 것임을 예고했습니다. 앞으론 은행에 돈을 넣으면 오히려 보관료를 내야 하는 세상이 올지도 모릅니다(일본과 유럽에선 이미 그렇습니다). 채권 역시 금리가 낮으니 매력적인 투자처는 아니죠.

과거엔 은행 적금만 들어도 내 노후가 든든히 보장되었다면, 이젠 열심히 주식이라도 굴리지 않으면 암울한 100세 시대를 맞이할 수밖에 없을 겁니다. 이때 돈을 벌 수 있는 여러 시장 중에서 가장 투명하고 공론화된 주식시장을 이용하는 건 매우 합리적인 결정입니다.

또한 주식시장엔 그런 기대를 충분히 보답할 수 있을 만한 잠재력도 있습니다. 4차 산업혁명으로 기존의 일자리들이 사라질 것이란 암울한 전망까지 나오는 상황에서도 경제는 계속 돌아갈 것이고, 기업은 그런 세상에 빠르게 적응할 테니까요. 도태되는 기업도 있겠지만 새로운 경쟁력을 갖춘 기업이 탄생할 수도 있습니다.

주식투자를 하면 그렇게 살아남고 성장하는 기업의 가치를 향유할 수 있습니다. 그건 배당이란 방법을 통할 수도 있고, 주식을 매각해 시세차익을 남기는 방법이 될 수도 있겠죠.

이 책이 주식을 막 시작한 분들에게 길라잡이와 같은 역할을 할 수 있었으면 좋겠습니다. 가계 자산의 70%가 부동산에 쏠려 있는 상황에서 주식투자가 노후를 대비하는 주요 투자처가 되기를 기대해봅니다. 그리고 이 책이 그런 문화가 정착하는 데 조금이나마 보탬이 되길 바랍니다. 주식투자를 도박처럼 여기거나 어떤 대단한 요행을 바라는 것처럼 생각되지 않았으면 좋겠습니다.

책이 온전한 형태를 갖춰 하나의 완성품이 될 때까지 재촉 한 번 않고 저희를 믿고 기다려주신 메이트북스 출판사에 감사드립니다. 부족한 후배들에게 책을 쓸 기회를 만들어준 〈이데일리〉 권소현 부장님에게도 감사의 말씀을 전합니다. 현장에서 함께 일한 선후배분들에게도 고마운 마음을 전합니다. 어쩌다 보니 증권 시장을 취재하는 기자가 되어 어쩌다 보니 책까지 쓰게 된 건, 그 과정들을 함께해줬던 수많은 선후배들이 있었던 덕입니다. 엉망인 원고에 채찍질해주고, 책이 나오면 사인해달라고 농담처럼 격려해주던 주변 지인들도 고맙습니다. 마지막으로 퇴근 후고 주말이고 할 것 없이 원고 집필에 몰두하는 저희를 곁에서 묵묵히 응원해준 가족들에게 미안함과 고마움의 마음을 담아 이 책을 바칩니다.

최정희 · 이슬기

차례

1장 주린이라면 꼭 알아야 할 주식투자의 기초

2장 저는 주식거래가 처음입니다

3장 돈 되는 좋은 종목을 고르고 싶어요

4장 주식하기 좋은 날은 언제인가요?

5장 차트가 언제 사고팔지를 알려준다고요?

6장 주식인 듯 주식 아닌 주식 같은 상품들

7장 그래서 요즘은 뭐가 제일 잘나가요?

다들 주식을 한다기에 덩달아 시작했는데. 사실 주식이 무엇인지조차 모르는 나! 주식은 채권이랑 어떻게 다르고 또 펀드랑은 뭐가 다른 건지. 코스피라는 게 있고 코스닥이라는 게 있다던데 둘은 다른 것인지? 네이버의 시가총액이 갑자기 올랐다던데 이게 의미하는 것이 무엇인지? 삼성전자를 사려고 했더니 삼성전자우라는 게 뜨는데 둘은 다른 종목인지?… 1장에서는 주린이가 궁금하지만 주변에 물어보기 다소 머쓱할 수 있는 기초들을 꼼꼼히 알려준다.

1장

주린이라면
꼭 알아야 할
주식투자의 기초

주식과 채권 그리고 펀드는
뭐가 달라요?

가게와 운명을 함께하되 잘되면 더 큰 수익을 얻고 싶니?
혹은 가게가 잘되든 안 되든 꿔준 돈만 이자와 함께 돌려받고 싶니?
수익 내고 싶은데 귀찮다면 펀드매니저에게 맡겨보든가!

우리 엄마한테 주식이 뭐냐고 물으면 아마 "큰일나는 것, 위험한 것"이라고 답할 것이다. 주식은 한 번도 해보지 않았지만 주식에 손댔다가 깡통찼다는 사람들의 사연을 하도 많이 들어서다. 그러면 동네에서 가끔 이자놀이를 하면서 푼돈을 챙기던 엄마에게 채권은 좀 더 안전한 것일까? 도대체 주식이 뭐길래 위험하다고 하고, 채권은 그나마 주식에 비해 낫다고 하는 것일까?

기업을 경영하다 보면 돈이 필요하다. 이때 사람들을 상대로 "투자해주세요"라고 하면 주식이고, "돈 빌려주세요"라고 하면 채권이다. 주식과 채권 모두 증권이라고 불리며, 증권은 주식 보유자, 채권자의 소유권, 재산권을 나타내는 증서를 말한다.

장사가 잘 돼야만 이익을 보는 주주는 장사에 훈계도 가능

주식은 기업이 자금을 조달할 때 발행하는 증서다. 기업에 투자하고 이 증서를 갖게 되면 주주가 된다. 주식이 한국거래소에 상장되어 있다면 상장주식이라고 한다. 상장주식은 증권사 계좌를 통해 언제든지 사고팔 수 있다.

친구가 운영하는 치킨집 '더 치킨'이 상장된 회사라고 생각해보자. 친구는 '더 치킨'을 차리는 데 2억원이 필요한데 1억원만 투자해달라고 했다. 1억원을 투자하면 매달 치킨 한 마리를 주고 매년 이익의 10%를 돈으로 주겠다고 한다. 나는 치킨집의 50% 지분을 가진 주주가 되는 것이다. 여기서 매달 제공되는 치킨과 연이익의 10%는 배당금이 된다. 물론 장사가 잘 안 되면 치킨이나 배당금은 못 받을 수도 있다.

치킨집이 잘 돼야 주주인 내가 돈을 벌 수 있기 때문에 "치킨이 좀 더 바삭해야 한다, 아르바이트생이 왜 이렇게 많냐" 등 주주총회를 통해 치킨집 경영에 관여할 권리가 생긴다.

이후 치킨집이 대박이 나자 친구는 치킨집을 3억원에 팔아버리겠다고 한다. 나는 치킨집 지분의 절반을 보유하고 있기 때문에 친구는 1억 5천만원을 나한테 돌려줘야 한다. 주식을 매도하는 상황이라면 배당금과 별도로 내가 보유한 주식의 가격이 오른 만큼 돈을 벌게 된다.

반대로 쫄딱 망해 빚만 늘었다면? 투자금 1억원이 날아간 것이다. '어쩐지 치킨 맛이 변했더라' 하면서 땅을 쳐도 이미 버스는 떠난 뒤다. 주식은 기업이 망하면 갖고 있던 증서가 휴지조각이 된다. 치킨 맛이 영 별로인데 친구한테 말을 못 해 끙끙 앓고 있다면 치킨집이 문을 닫기 전에 주식을 팔아버릴 수도 있다.

장사가 잘 되든 안 되든 원금과 이자를 받는 채권자

만약 내가 친구한테 1억원을 빌려줘 채권자가 된 상황이라면 어떨까? 그렇게 되면 나는 친구로부터 연 10% 이자와 함께 몇 년 몇 월 며칠까지 돈을 갚겠다는 증서를 받게 된다. 하지만 주주는 아니기 때문에 치킨 맛에 왈가왈부할 권한은 없다. 다만 장사가 잘 되든 안 되든 꿔준 돈만 만기일에 잘 돌려받으면 되기 때문에 주식보다 안정적인 수익을 낼 수 있다. 1년 뒤 치킨집이 잘 돼 3억원에 팔았다고 해도 내가 받을 수 있는 돈은 원금과 이자를 합해 1억 1천만원뿐이다. 치킨집이 망하더라도 내 돈 먼저 갚으라고 요구할 수 있다. 안 되면 법원에라도 가면 된다.

채권도 주식처럼 망하기 전에 탈출하는 방법이 있다. 채권을 팔아버리면 된다. 만기 때 받게 될 이자를 포기하는 대신 채권에 값을 매겨 파는 것이다. 다만 치킨집이 장사가 덜 되고 신용이 떨어진 상태에선 채권 값이 하락해 헐값에 팔아야 할 수도 있다.

채권은 누가 발행하느냐, 즉 누가 빚쟁이가 되느냐에 따라 이름이 다르다. 회사가 발행하면 회사채, 국가가 발행하면 국채, 은행이 발행하면 은행채가 된다. 빚 떼일 가능성이 낮을수록 금리도 낮다. 국가가 망할 리는 없으니 국채의 금리가 가장 낮다. 신용등급이 낮은 회사는 금리가 높다. 높은 금리를 줘야만 떼일 위험을 감수하고라도 돈을 빌려줄 사람을 구할 수 있기 때문이다. 금리가 낮아진다는 것은 채권값이 올라간다는 얘기이고, 금리가 상승한다는 것은 채권값이 떨어진다는 말이다.

펀드매니저가 알아서 종목을 사주면 '펀드'

주식과 펀드는 어떻게 다를까? 바로 주식을 사는 방법에 차이가 있다. 증권계좌를 통해 홈트레이딩시스템(HTS)에서 주식을 사면 '직접투자'가 되고, 펀드를 통해 주식에 투자하면 '간접투자'가 된다. 직접투자에선 주주가 되지만 간접투자에선 주주의 역할을 자산운용사가 맡게 된다.

자산운용사가 나와 같은 생각을 가진 사람들의 돈을 모두 모아 펀드매니저에게 맡기면, 펀드매니저는 직접 수십 수백 개의 종목을 선택하고 이들의 매매 시기를 정해 돈을 굴린다. 이는 여러 종목을 동시에 보유하는 것이기 때문에 분산투자 효과가 있다.

그러나 펀드매니저가 높은 수익률을 보장하진 않는다. 펀드도 주식처럼 원금이 까일 수도 있고, 모든 투자의 책임은 돈을 낸 투자자가 져야만 하는 것이다.

펀드는 증권사와 은행 등 판매사를 통해 가입할 수도 있고,

HTS상에서 일반 주식처럼 거래하는 상장지수펀드(ETF)에 가입하는 방법도 있다. 전자는 펀드매니저가 직접 종목을 선택해 매매한다는 점에서 펀드매니저의 능력에 따라 수익률 편차가 커지는 반면, ETF는 펀드매니저의 개입이 거의 없으며 특정 지수나 특정 자산의 가격 변동에 따라 수익률이 좌우된다는 점이 다르다.

코스피와 코스닥은
다른 시장인가요?

한국 주식시장이라는 학교에 우등생만 몰아넣은 반은 코스피 시장.
아직 성적은 낮아도 장차 큰일 할 것처럼 보이는
유망주만 몰아놓은 반은 코스닥 시장.

매일 경제뉴스를 보면 '코스피 지수가 얼마 떨어졌네, 코스닥 지수가 얼마 떨어졌네' 하는 이야기가 보도되는 걸 볼 수 있다. 둘 다 결국 한국 주식시장에 속해있는 건데 굳이 구분해서 부르는 이유는 뭘까? 두 시장 사이엔 어떤 차이가 있는 걸까?

우량주 시장인 '코스피', 유망주 시장인 '코스닥'

투자자 입장에선 코스피 시장과 코스닥 시장은 전혀 다르지 않다. 주식을 사고파는 방식도 똑같고, 공시 등 여러 시스템이 똑같은 메커니즘으로 돌아가기 때문이다. 다만 두 시장 간의 성격에

22

차이가 있다.

코스피 시장은 비교적 규모가 크고 안정적인 종목들이 모여 있는 시장이다. 코스피 시장의 대장주는 삼성전자이고, 이 외에 네이버, 현대차, LG생활건강 등 이름만 들어도 대기업인 걸 알 수 있는 기업들이 모여 있다.

한편 코스닥 시장은 자금 조달이 어려운 중소기업과 벤처기업을 대상으로 만든 시장이다. 그래서 대장주가 셀트리온헬스케어이고, 이 외에 바이오종목이 많다. 케이엠더블유와 같은 IT 종목이나 CJ ENM과 같은 콘텐츠 종목들도 즐비하다. 오늘내일 실적은 다소 불안불안할지 몰라도, 향후 성장 가능성이 높아 보이는 종목들이 상장되어 있는 시장이라고 보면 된다.

성격을 가르는 두 시장 사이의 여러 '허들'

코스피 시장이 우량주 위주, 코스닥 시장이 유망주 위주로 구성될 수 있었던 건 두 시장 사이의 허들이 존재하기 때문이다.

먼저 상장요건이 다르다. 코스피 시장은 상장요건이 까다롭다. 상장할 수 있는 루트가 몇 가지 있는데 이 중 일부를 살펴보면 '최근 매출이 1천억원 이상이고 3년 평균 매출이 700억원 이상이면서 최근 사업연도에 영업이익 및 당기순이익이 흑자인 경우, 최근 매출액이 1천억원 이상이면서 기준시가총액이 2천억원 이상일 때' 등의 요건을 충족해야만 한다.

반면 코스닥 시장은 상대적으로 상장요건이 느슨하다. 유망주에게 너무 가혹한 잣대를 들이대면 아예 시장에 진입조차 불가능할 테니 말이다.

기준 중 몇 가지를 살펴보면 '법인세차감전계속사업이익 20억원 및 시가총액 90억원 또는 시가총액 500억원 및 매출액 30억원 또는 최근 2사업연도 평균 매출증가율 20% 이상' 등의 요건을 충족해야 한다.

시가총액 기준과 매출액 기준이 코스피 시장에 비해 상당히 낮다는 것을 알 수 있다. 심지어 코스닥 시장에는 일정한 수준의 시가총액과 성장성만 갖추면 이익을 못 내고 있더라도 상장할 수 있는 '테슬라요건' 등도 있다.

두 시장은 퇴출기준도 다르다. 코스닥 시장은 상장 문턱이 낮은 만큼 코스피 시장에 비해 퇴출도 더 쉽다. 코스닥 시장에선 영업적자가 4년 연속이면 관리종목에 지정되고, 5년 연속이면 상장폐지 요건에 해당한다. 반면 코스피 시장에서는 영업적자와 관련된 상장폐지 규정이 없다.

삼성전자와 삼성전자우의 차이가 뭔가요?

주주로서 주주총회에 참여하고 싶다면 보통주를 사렴.
만약 주주총회를 포기하되 배당을 더 받고 싶다면?
'우'라는 글자가 뒤에 붙은 우선주를 사는 게 좋아.

증권사 앱(애플리케이션)을 깔고 난 뒤 대부분의 사람들이 제일 처음 검색하는 건 '삼성전자'다. 그런데 삼성전자를 검색하면 2개의 종목이 뜬다. 삼성전자와 삼성전자우.

삼성전자 뒤에 붙은 '우'의 의미는 뭘까? 그리고 우가 붙고 안 붙고의 차이는 무엇일까?

배당을 더 받는 대신 주주총회를 포기한다면 우선주

이름 뒤에 아무것도 붙지 않은 주식을 '보통주'라 부른다. 반면 이름 뒤에 '우'가 붙은 주식은 '우선주'를 뜻한다. 삼성전자는 보통주이고, 삼성전자우는 우선주다.

우선주라니 도대체 무엇을 우선한다는 걸까? 그것은 바로 보통주보다 배당을 더 주겠단 얘기다. 삼성전자의 경우 우선주가 보통주보다 주가가 15%나 싼데도(2020년 8월 기준) 한 주당 배당금은 보통주와 동일하다. 같은 삼성전자인데 더 싼 값으로 배당을 받는 셈이다.

하지만 세상에 공짜는 없다. 배당을 더 받기 위해 포기해야 하는 것이 있다. 바로 의결권이다. 의결권이란 주주총회에 올라온 안건에 찬성이나 반대표를 던질 수 있는 투표권을 얘기한다. 의결권은 주식을 단 한 주라도 들고 있으면 가질 수 있는데, 이 의결권이 있으면 주주총회 안건에 올라온 배당금 지급 계획에 대해 '배당금을 더 달라'며 반대표를 던질 수도 있다. 하지만 우선주를 사면 주주총회는 포기해야 한다.

우선주가 보통주보다 주가가 싼 이유

일반적으로 우선주는 보통주보다 주가가 저렴하다. 우선주는 보통주에 비해 적게는 10% 정도에서 많게는 40~50% 정도 싸다. 같은 종목임에도 불구하고 우선주의 주가가 유독 낮은 이유는 무엇일까?

한국 주식시장에서 우선주의 가치가 낮았던 데엔 그만한 역사가 있다. 오랜 기간 동안 기업 투명성이 낮았기 때문이다. 한국 기업들은 최근까지도 오너들의 일감 몰아주기, 증여세 문제 등 불투명한 의사결정이 많았다. 그래서 소액주주가 대주주의 의사결정에 대항할 수 있었던 수단인 의결권의 가치가 그만큼 높았던 것이다. 이를 '의결권 프리미엄이 높았다'고 얘기한다.

그러나 이제 시대가 바뀌면서 보통주와 우선주 간의 주가 괴리율이 좁혀질 수밖에 없다는 분석들이 나오고 있다. 국민연금을 필두로 많은 기관들이 이른바 스튜어드십코드를 채택하기 시작했기 때문이다.

스튜어드십코드란 국민연금이나 자산운용사 등 주요 기관투자자가 기업의 의사결정에 적극 참여하도록 유도하는 투자 지침이다. 한국에서도 2018년 7월말부터 스튜어드십코드가 도입되면서 기관들이 기업을 상대로 주주에게 부당한 것은 시정하도록 적극적으로 요구할 수 있게 되었다. 배당을 늘리라고 한다거나, 선임하겠다는 임원이 적절하지 않다는 등의 의견을 보다 적극적으로 내게 된 것이다.

그래서 앞으론 보통주를 사서 의결권을 행사하고자 하는 수요가 줄어들 테고, 이는 곧 보통주가 가진 의결권 프리미엄을 축소시키는 계기가 될 수도 있다는 전망이 나오고 있다. 실제 미국 등 선진국 증시에서 우선주와 보통주의 가격 괴리율은 평균 10% 미만이다.

저렴한 우선주를 사서 시세차익을 노려볼까?

시간이 갈수록 우선주와 보통주의 가격 차이는 좁혀질 수밖에 없으니 우선주가 저렴할 때 주식을 사모으는 것도 하나의 투자 방법이 될 수 있다.

그러나 우선주가 보통주에 비해 지나치게 싼 경우 그만한 이유가 숨어 있을 수도 있다는 점을 명심해야 한다. 남양유업의 경우 우선주 괴리율이 30%를 넘기는 등(2020년 8월 7일 기준) 우선주 중에서도 괴리율이 가장 높은 편에 속하는데, 이는 유명한 '짠물배당' 때문이라는 게 증권가의 시각이다. 우선주는 배당을 많이 줘야 의미가 있는데 배당이 워낙 짜다 보니 우선주의 가치가 그만큼 떨어진다는 얘기다. 한때 남양유업의 배당성향은 코스피 상장사 평균의 절반정도밖에 못미치면서 국민연금이 배당을 확대하라고 공개적으로 압박하기도 했다.

시가총액이 얼마 날아갔다는데
그게 왜 중요한가요?

시장의 기대가 얼마만큼 모여 있는지 알아보고 싶다고?
그럼 시가총액을 보면 돼. 산업의 트렌드가 바뀔 때마다 인기 있는 종목도
달라지니까. 시가총액은 산업의 변화를 보여주기도 하지.

'코스피 시가총액 65조원 증발… 1천조원 밑으로'

'코로나 패닉에 세계 증시 시가총액 열흘새 3천조원 증발'

2020년 신종 코로나 바이러스가 전 세계를 덮치자 이런 제목의 뉴스가 쏟아졌다. 시가총액이 증발해버렸다는 것인데 도대체 무슨 얘기일까?

기업가치를 보여주는 시가총액

개별 종목의 시가총액은 발행주식총수(상장주식 수)와 현재의 주가를 곱해 계산하고, 코스피 시가총액은 코스피 상장회사의 시

가총액을 합산한 것이다.

시가총액은 주식시장 규모가 어느 정도인지를 보여주는 지표이다. 시가총액이 증발했다는 것은 주식시장 규모가 그만큼 줄어들었단 뜻이다. 하루아침에 발행주식 수가 줄어들 리 없으니 주가가 급락했다는 것을 말한다.

코로나로 인해 경제 활동 자체가 붕괴되면서 기업 실적이 나빠질 것이 뻔하고, 그러다 보면 문을 닫는 기업이 생길 수 있으므로 투자자들은 현금을 확보하려는 심리가 강해졌다. 주식을 팔고 주식시장에서 빠져나가려는 움직임 때문에 주가가 급락했다.

시가총액은 현재 해당 회사의 기업 가치가 얼마인지를 보여주는 지표이기도 하다. 주당 가격이 1만원이고 발행주식 수가 5천만 주인 종목의 시가총액은 5천억원이다. 이론적으로 5천억원만 있으면 회사를 인수할 수 있다는 얘기다.

기업 가치가 높을수록 주가가 상승할 것이고 그만큼 시가총액 규모도 커지게 된다. 우리나라에서 시가총액이 가장 큰 회사는 삼성전자다. 삼성전자의 시가총액은 2020년 8월 현재 343조원대다. 이는 2020년 우리나라 예산 512조원의 67%에 달할 정도로 엄청난 규모다. SK하이닉스는 시가총액이 58조원대로 두 번째로 크다. 삼성전자, SK하이닉스 등 반도체 회사가 시가총액 1, 2위를 차지하는 데다 삼성전자와 SK하이닉스의 시가총액 차이가 크게 벌어진다는 점을 생각해보면, 우리나라 산업에서 삼성전자가 차지하는 비중이 얼마나 절대적인지 알 수 있다.

시가총액의 변화는 곧 산업의 변화를 의미

시가총액 순위를 보면 어떤 업종이 한 나라의 산업, 경제를 좌우하는지 한눈에 볼 수 있다. 전 세계 시가총액 순위를 살펴보면 우리가 현재 어떤 세상에 살고 있는지 알 수 있다.

세계에서 가장 비싼 회사는 애플이다. 2위는 마이크로소프트, 3위는 아마존, 4위는 알파벳, 5위는 페이스북이다(2020년 8월 기준). 이들의 공통점은 온라인 플랫폼 및 관련 기기 업체라는 점이다. '데이터'가 황금알인 4차 산업혁명이 뿌리를 내리고 있는 만큼 관련 업체의 시가총액 규모가 클 수밖에 없다.

주가가 매일 변동하므로 시가총액 규모도 매번 바뀐다. 하지만 단기간에는 별 의미가 없다. 그러나 10년, 20년 장기간에 걸쳐 살펴보면 시가총액 상위에 있는 회사들이 그 시대 그 나라의 경제를 좌우했다는 것을 알 수 있다.

2000년대 중반까지만 해도 세계에서 가장 비싼 회사는 가전제품 등 전기 기기 제조업체인 제너럴 일렉트릭(GE)이었다. 그러나 현재는 시가총액 상위 50위권 내에서도 GE를 찾아볼 수 없다.

주식도
덩치가 다 다르다

대형주와 중소형주는 시가총액 순위로 판단해.
외국인과 기관은 우량한 대형주 위주의 거래를,
개인은 유망한 중소형주 위주의 거래를 즐긴다네.

'매년 1월마다 주가가 오른다는 이른바 1월 효과에 대한 기대
감이 중소형주를 중심으로 형성되고 있다. 개인투자자가 대주주
주식차익 양도소득세 과세 요건을 회피하기 위한 주식 매도가 지
난달 종료되면서 1월에 주식 매수세가 재유입될 것이란 전망이
나오고 있다. 특히 개인들이 주로 매집하는 중소형주를 중심으로
유동성이 늘어날 것이란 기대.'

언론 기사의 일부다. 시장 상황에 따라 대형주가 유리할 수도,
중소형주가 유리할 수도 있다는 것일까? 무 자르듯이 말할 수 없
지만 대체로 그렇다고 할 수 있다. 매년 1월마다 중소형주가 대형
주보다 상대적으로 수익률이 높아지는 '1월 효과' 현상이 자주 일

어나기 때문이다.

　매년 12월말을 기준으로 소득세법상 보유 주식 규모가 많아 대주주가 되는 개인투자자는 이듬해 4월 이후 해당 주식을 매도해 차익이 발생할 경우 양도소득세를 내야 한다. 개인투자자들은 이러한 대주주 요건을 피하기 위해 연말에 보유하고 있는 주식을 팔려고 한다. 그러다 1월이 되면 다시 주식을 매수하려는 수요가 증가해 개인투자자의 매입 비중이 높은 중소형주가 강세를 보일 가능성이 높다.

　그렇다면 대형주, 중형주, 소형주를 구분하는 기준은 무엇일까? 그것은 바로 시가총액이다. 시가총액은 발행주식총수(상장주식 수)에 현재 주가를 곱해 계산한다. 코스피 상장회사를 시가총액 순으로 쭉 나열했을 때 상위권인 1위부터 100위까지를 대형주라고 한다. 101위부터 300위까지는 중형주, 301위부터 그 이하 모든 종목은 소형주가 된다.

대형주는 외국인이, 중소형주는 개인이 주로 거래

　대형주는 주로 개인보다는 외국인, 기관투자가들이 사고판다. 프로그램 매매도 대형주 위주로 이루어진다. 대형주는 수출주 비중이 높다. 삼성전자, SK하이닉스, 현대차와 같이 반도체·자동차 등 국내 주력 수출품을 생산하는 업체들이 시가총액 상위에 분포되어 있다.

그러니 대형주는 대외 이벤트와 환율 등에 민감할 수밖에 없다. 외국인 자금이 물밀 듯이 들어오면 대형주가 중소형주에 비해 강세를 보이고, 반대로 외국인 자금이 빠져나가면 대형주가 상대적으로 약세를 보인다.

하지만 중소형주는 다르다. 중소형주를 주로 사고파는 투자 주체는 개인투자자들이다. 개인투자자들은 대외 이슈에 별로 민감하지 않다.

그러니 개인투자자의 자금이 주식시장에 많이 들어올 때는 중소형주와 코스닥 지수가 상대적으로 강하게 상승한다. 2020년 신종 코로나 바이러스로 증시가 폭락한 이후 개인투자자들이 수십조 원의 자금을 몰고 증시로 유입되었을 때 코스피 중소형주, 코스닥 지수가 코스피 대형주보다 더 많이 상승했다.

코스피200과 코스닥150은 어떻게 다른가?

코스피 지수, 코스닥 지수보다 더 유명한 지수들도 있다. 선물, 옵션 등 파생상품 거래가 활발하고 가장 유동성이 풍부한 코스피200지수가 있다. 코스피200지수는 우리나라 대표 지수라 할 수 있다. 외국인, 기관들이 중점적으로 거래하는 대형주는 코스피 1~100위에 있는 대형주보다 코스피200지수에 포함된 200개 종목일 때가 더 많다.

코스피200지수는 코스피 상장회사 중에서 시장 대표성, 산업

대표성, 유동성 등을 기준으로 선정된 200개 종목으로 구성되어 있다. 코스피 대형주 지수가 시가총액 순으로 1위부터 100위까지 묶은 것이라면, 코스피200지수는 유동시가총액을 기준으로 순위를 매긴 것이다.

유동시가총액은 현재 주가에서 유동주식수를 곱해 계산한다. 유동주식수는 발행주식총수에서 최대주주 및 특수 관계인 보유지분, 우리사주조합, 자사주, 정부 등의 지분, 즉 시장에 실제로 유통될 가능성이 낮은 주식을 제외한 주식을 말한다.

이런 방식으로 종목을 산출하게 되면 자산운용사들이 코스피200을 추종해 만든 상장지수펀드(ETF) 등을 운용할 때 편리하기 때문이다. 실제로 시장에서 사고팔리는 주식이 있어야 관련 상품을 손쉽게 만들 수 있다.

코스닥150지수도 있다. 코스피200지수와 유사한 방식으로 코스닥 상장회사에서 시가총액, 유동성, 업종분포 등을 고려해 150개 종목을 뽑아 만든 지수다.

코스피200, 코스닥150지수 내 종목들은 6월과 12월, 즉 1년에 두 번씩 종목이 변경된다(때론 수시변경도 가능). 기존에 있던 종목이 빠지고 새로운 종목이 편입되는 과정에서 관련 지수를 추종하는 ETF 등 펀드 자금들이 움직이면서 단기 주가에 영향을 미친다. 코스피200, 코스닥150지수에 새로 편입되면 해당 주식을 매입하려는 펀드 자금이 증가해 주가가 오르고, 반대로 제외되면 해당 종목을 팔려는 수요가 늘어나 주가가 하락한다.

코스피200이 하나의 기준점이 되다보니 '코스피200을 제외한 코스피 지수'가 만들어진다든지, 코스피200 종목 중 시가총액 하위 100개 종목으로 구성된 '코스피200 중소형주지수'가 만들어지기도 했다.

지수를 좌지우지하는 삼성전자가 보여주는 것

코스피200지수에서 삼성전자 한 개 종목이 차지하는 비중이 30%를 넘어 시시때때로 논란이 되기도 한다. 여러 종목을 묶어 지수를 만드는 것은 특정 한 개 종목이 미치는 영향력을 최소화해 분산 투자하기 위한 것이기 때문이다. 그런데 삼성전자 한 개 종목의 비중이 코스피200지수의 3분의 1에 달하기 때문에 삼성전자의 주가 흐름이 코스피200지수 전체의 흐름에 절대적인 영향을 미치는 문제가 발생하는 것이다.

한국거래소는 이런 문제를 해결하기 위해 삼성전자 비중 한도를 30% 내로 묶어두는 제도를 도입했으나 운용업계 등의 반발에 부딪혀 한 번도 실행하지 못하고 폐지되었다. 그대신 한국거래소는 삼성전자를 제외한 나머지 종목으로 구성된 '코스피200 초대형제외지수'를 만들었다.

코스피200에서 삼성전자 비중이 절대적인 것은 우리나라 경제의 씁쓸한 한 단면을 보여주기도 한다. 삼성전자를 빼놓고선 미래 성장동력이 돼줄 만한 기업이 부족하다는 얘기이기 때문이다.

이는 동시에 삼성전자에 대한 경제 의존도가 높다는 것을 보여주기도 한다. 지수의 문제가 아니라 우리나라 경제·산업구조의 문제란 얘기다.

비싸 보이는데 사야 하나요, 기다려야 하나요?

주가가 엄청 올랐는데도 주식을 사야 할까, 더 싼 것을 찾아볼까? 주식투자를 하다 보면 흔히 빠지는 고민 중 하나다. 이 고민에서 어떤 답을 내느냐에 따라 성장주 투자와 가치주 투자로 스타일이 갈린다.

✎ '진흙 속 진주를 찾자', 워런 버핏의 가치주 투자

가치주란 쉽게 말해서 가격이 싼 주식을 말한다. 이 기업이 벌고 있는 돈이나 향후 비전을 생각하면 지금의 주가가 싸다고 판단되는 주식이 여기에 속한다. 다른 말로는 '저평가 우량주'라고도 한다. 단기적으로 고수익을 안겨주는 주식은 아니지만, 안정적이고 장기적인 투자를 통해 높은 수익을 기대할 수 있는 주식을 말한다. 그다지 화려하진 않아도 뜯어보면 우량한 주식에 투자한다고 해서 가치투자를 진흙 속 진주를 찾는 과정에 빗대는 이들도 많다.

가치주 투자자의 대표는 워런 버핏이다. "10년 동안 보유할 주식이 아니라면 10분도 보유해서는 안 된다"는 그의 명언처럼, 우량한 기업을 싼 가격에 산 뒤 장기투자하는 게 그의 투자 방식이다.

하나의 예로 코카콜라가 있다. 코카콜라가 펩시콜라와 치열한 경쟁을 벌이며 주가가 하락해 주가수익비율(PER)이 15배로 하락한 1988년, 버핏은 코카콜라 주식을 12억달러어치 사들인다. 사람들이 꾸준히 코카콜라를 마실 것이란 확신이 있었고, 지금의 주가 하락은 과도하다고 판단한 까닭이다. 이후 버핏의 생각처럼 코카콜라는 점점 세계로 뻗어나갔고, 1990년대가 되자 코카콜라의 PER은 30배 이상으로 올랐다. 버핏은 현재도 코카콜라 주식을 보유하고 있다.

✍ '비싼 걸 사서 더 비싸게 팔자', 필립 피셔의 성장주 투자

성장주는 지금 성장률이 높고 앞으로도 성장할 가능성이 높은 기업, 혹은 현재 성장률은 미미하나 앞으로 큰 성장과 수익이 기대되는 기업의 주식을 말한다. 성장주는 미래에 더 큰 성장이 기대되는 주식이기 때문에 현재의 가치보다 주가가 높게 형성되어 있는 것이 특징이다.

대표적인 게 바이오 업종이다. 임상이 성공할지 실패할지는 모르지만 성공하면 큰 수익을 안겨다줄 수 있는 업종. 그래서 지금 이익이 크게 나지 않아도 주가는 높은 수준을 기록하고 있는 종목이 바로 바이오다.

성장주 투자의 대표 주자로 꼽히는 이는 필립 피셔다. 피셔는 "뛰어난 성장 잠재력을 지닌 기업이라면 현재 주가가 비싸더라도 매수해야 한다"

고 주장했다. 지금은 비싸더라도 앞으로 기업이 성장하게 되면 주가는 더 비싸지기 때문이다. 비싸게 사서 더 비싸게 팔라는 게 필립 피셔의 투자 방식인 셈이다.

피셔는 1950년대 텍사스인스트루먼츠와 모토로라 등을 사들였는데, 당시엔 이런 전자업종 투자가 지금의 FAANG(페이스북·아마존·애플·넷플릭스·구글) 투자와 비슷하게 여겨지던 때였다. 하지만 그는 자신이 투자한 기업이 수십 년 뒤에 더욱 크게 성장해서 더 큰 수익을 안겨줄 것이란 생각으로 베팅했고, 결과적으로 모토로라에서만 무려 2천 배가 넘는 수익률을 기록했다.

✎ 삼성전자는 가치주일까, 성장주일까?

가치주 투자와 성장주 투자는 '가격' 측면에서 보면 다르지만, 결국 좋은 기업을 사서 성장을 누린다는 점은 동일하다. 그래서 두 투자법을 전혀 다른 투자라고 볼 순 없다. 스타일이 다소 다를 뿐이다.

그렇다면 삼성전자 투자는 가치주 투자일까, 성장주 투자일까? 삼성전자는 대한민국의 대장주로, 반도체가 디지털 시대의 '쌀'로 여겨지는 만큼 앞으로도 성장할 가능성이 농후하다. 이런 측면에서 보면 화려한 슈퍼스타에 투자하는 성장주 투자라고 볼 수 있다.

그러나 삼성전자의 PER은 15배 수준(2020년 6월 기준)으로, 같은 반도체 업종 업체인 대만의 TSMC가 20배 가까이 된다는 점을 감안하면 상대적으로 저렴하다고 볼 수 있다. 즉 가격을 보면 가치주라고도 볼 수 있는 셈이다. 그래서 한국에선 삼성전자를 '가치주이자 성장주'라고도 부른다.

경기 사이클과 가치주·성장주의 관계

그렇다면 가치주 투자가 좋은 때와 성장주 투자가 좋은 때는 언제일까? 보통 경기가 안 좋을 때는 성장주의 주가가 뛰는 양상을 보인다. 경기가 하락하면 성장을 하는 기업이 드물기 때문에 몇 안 되는 성장주가 득세하는 경향이 있기 때문이다. 반면 경기가 좋아지면 성장이 흔해지고, 상대적으로 가격 메리트가 있는 가치주가 시장을 주도하게 된다.

금리 역시 가치주·성장주의 투자와 관련이 있다. 저금리·저성장 시대에 성장주는 그 자체로 희소해 프리미엄을 받았지만, 금리가 정상화되면 높은 밸류에이션이 부담으로 작용해 가치주의 상대적 매력이 다시 부각되는 탓이다. 금리가 오르면 위험성이 낮은 국채만 사도 예전보다 수익을 더 얻을 수 있으니 구태여 성장주라는 높은 리스크를 질 필요가 적어진다. 그래서 금리가 오를 때엔 성장주보단 가치주가 더 빛난다고들 한다.

무작정 주식을 사보기로 한 나. 그런데 왜 계좌에 있는 돈만큼 주식이 사지지 않는 걸까? 우여곡절 끝에 어찌저찌 주식을 사긴 했는데 갑자기 날라온 '미수금을 초과했다'는 문자 메시지. 아니, 내가 빚을 썼다고? 무서운 마음에 주식을 팔았는데 왜 판 돈은 바로 계좌에 안 들어오는 건지, 수수료 평생 무료라던 증권사의 말과는 다르게 떼는 돈은 왜 이렇게 많은 건지. 미국 주식이나 공모주는 또 어떻게 사는 건지…. 2장에선 거래에 관한 기초지식을 알려준다.

2장

저는 주식거래가
처음입니다

수수료 평생 무료라더니
떼는 돈이 왜 이렇게 많나요?

증권사가 말하는 평생 수수료는 매매수수료뿐이야.
유관기관 수수료나 증권거래세처럼 여전히 떼이는 돈은 많으니 주의해야 한다고.
앗차, 주식으로 돈을 많이 벌면 떼는 세금도 많다는 거 잊지마!

'수수료 평생 무료'라던 증권사 말만 믿고 그 증권사에 계좌를 개설해 주식을 거래했던 A씨는 계좌 내역을 살펴보며 의아함을 느꼈다. 주식을 사고팔면서 떼는 돈이 꽤 많았던 탓이다. 대체 왜 이런 일이 벌어진 걸까? 수수료가 무료라던 증권사의 말은 거짓말이었던 것일까?

매매 수수료만 공짜, 유관기관 수수료·증권거래세는 유료

주식을 거래할 때마다 증권사에 내는 수수료를 '매매수수료'라 부른다. 매매수수료란 매수·매도할 때마다 내는 수수료이며,

이익을 봤든 손실을 봤든 간에 매수·매도 금액의 일정 부분을 내야 하는 것이다. 증권사마다 매매수수료는 조금씩 다르지만, 온라인으로 가입해 온라인으로 매매할 경우 매매대금의 0.1% 남짓이 떼어진다. 요즘 증권사가 '수수료를 공짜로 해주겠다'라고 말할 때 수수료는 이것을 말한다.

그런데 증권사의 수수료 공짜 이벤트 광고를 자세히 보면 '유관기관 수수료 및 매도시 세금은 제외'라는 말이 써있다. 먼저 유관기관 수수료란 주식을 거래할 때 거치는 기관에 내는 수수료를 뜻한다. 내가 가진 주식은 한국예탁결제원이라는 곳에 전자로 보관되어 있고, 이렇게 보관된 주식이 한국거래소를 통해 매수·매도자들 사이에서 거래되는 것이다. 개인이 주식 거래를 할 때마다 이들 기관을 통해야 하기 때문에 이들에게 수수료를 내는 것이다. 이 수수료는 거래대금당 0.004% 정도로 평생 수수료의 대상이 아니다. 100만원짜리 주식을 사고 팔았다면 총 80원 정도가 수수료로 나가는 셈이다.

한편 주식을 매도할 때에 발생하는 세금은 '증권거래세'라고 불린다. 정부는 코스피 시장과 코스닥 시장에서 일반 주식을 매도할 때마다 매도 대금의 0.25%를 세금으로 떼간다. 다만 국내 시장에 상장되어 있는 상장지수펀드(ETF)와 상장지수증권(ETN)을 매매할 때엔 증권거래세를 떼지 않는다.

주식을 하면 만나는 배당소득세와 양도소득세

배당을 주는 주식을 보유한 투자자라면 배당소득세를 뗀다는 걸 기억해야 한다. 배당을 줄 때마다 이 배당소득세를 떼고 남은 배당금만 계좌로 입금을 해주기 때문이다. '소득이 있는 곳엔 세금을 부과한다'는 조세원칙에 따른 세금인데, 배당세율은 15.4%(지방소득세 포함)다. 배당금이 1만원이라면 1,540원을 떼고 8,460원만 입금되는 셈이다. 배당소득세는 해외 주식에 대해서도 동일하게 적용된다. 배당소득이 연간 2천만원을 넘긴다면 연금·사업·근로소득 등과 합산해 종합소득세 신고를 해야 하니 주의가 필요하다.

한편 '양도소득세'라는 것도 있는데 소액주주라면 크게 신경쓰지 않아도 되는 항목이다. 양도소득세란 주식을 팔 때 그동안 주가가 상승한 차익분에 대해 떼는 세금인데, 일반 소액주주라면 코스피·코스닥 시장에서 주식을 매도해도 이 세금을 떼지 않는다.

문제는 너무 많은 주식을 보유한 대주주의 경우다. 2020년 4월 현재 코스피 시장에선 단일 종목 10억원(혹은 시가총액 1%) 이상, 코스닥 시장에선 단일 종목 10억원(혹은 시가총액 2%) 이상일 경우 대주주로 분류되어 단 1주만 매도해도 22%(지방소득세 포함, 과세표준 3억원 초과분은 27.5% 세율 적용)의 양도소득세를 뗀다. 그런데 이러한 대주주 요건이 계속해서 낮아지고 있다. 오는 2021년 4월부턴 코스피·코스닥 시장에서 단일종목을 3억원 이상만 가지고 있어도 양도소득세를 떼게 된다. 시가총액 기준은 코스피 1%, 코스닥 2%로 현재와 똑같다.

해외주식엔 무조건 양도소득세를 뗀다

해외주식의 경우 국내주식과 달리 양도소득세를 의무적으로 뗀다. 수익 중 250만원은 기본 공제 대상이나, 나머지 금액에 대해서는 22%의 세율이 적용된다. 1년 동안 거래한 주식의 전체 손익을 기준으로 세금이 부과되며, 거래한 종목수나 거래 국가는 무관하다.

예컨대 A씨가 2020년 미국의 아마존 주식을 사서 300만원의 수익을 챙겼다면 공제대상인 250만원을 제외한 50만원에 대해 양도소득세를 물어야 한다. 그러나 같은 해 홍콩의 텐센트 주식을 사서 100만원의 손실을 봤다면, '아마존 이익＋텐센트 손실＝총 200만원 수익'으로 계산되어 양도세가 부과되지 않는다.

그러나 250만원 이상의 차익이 발생했음에도 불구하고 자진신고를 하지 않았거나 적게 신고했다면 납부세액에 10%의 추가 가산세를 물어야 한다. 해외주식을 거래한 투자자는 발생한 매매차익에 대해 이듬해 5월말까지 자진신고 및 납부를 마쳐야 한다.

여기까지가 현행 제도이다. 세금제도가 계속 달라지고 있으니 주의가 필요하다. 기획재정부는 2020년 세법개정안에서 2023년부터 증권·파생상품, 주식형 펀드 등을 매도(환매)해 발생한 이익을 '금융투자소득'으로 과세하는 방안(연간 5천만원 공제)을 내놨다. 그동안엔 대주주에 해당되는 투자자만 주식을 판 후 양도소득세를 냈으나 그 대상이 전체 투자자로 확대된다. 그 대신 증권거래세는 코스피 기준 0.25%(농어촌특별세 0.15%p 포함)에서 순차적으로 하락, 2023년부터 0.15%(증권거래세 0%, 농어촌특별세만 부과)로 인하된다. 세법 개정안은 국회 통과 과정에서 달라질 가능성이 있다. 따라서 달라지는 세금 제도에 꾸준히 관심을 기울일 필요가 있다.

주식을 판 돈이
오늘 바로 안 들어와요

주식을 사고팔아도 내 계좌에 바로 돈이 들어오는 건 아니야.
'T(영업일)+2결제일'이 지나야만 계좌에서 입·출금을 할 수 있다고.
단, 주식을 판 돈 만큼 바로 다른 주식을 살 수 있어!

"오늘은 내가 쏜다!" 최근 주식으로 톡톡히 재미를 봤던 A씨
는 주식을 판 돈으로 친구들에게 술 한 잔을 사기로 약속했다. 그
러나 증권사 계좌에서 주식을 판 돈을 빼려고 했던 A씨는 인출할
수 있는 돈이 없다는 안내를 보고 당황했다. A씨는 분명히 주식을
팔았는데 왜 인출할 수 있는 돈이 없었던 걸까?

주식결제의 기본인 'T+2' 시스템

한국에선 주식을 매수하고 매도한 그 시점에 바로 결제가 되
지 않는다. 주문한 날에서 2거래일 뒤에 실제 결제가 이루어진다.

오늘 주식을 매도한다면 오늘 가격으로 매도는 되지만, 이 매도 금액은 2거래일 뒤에나 통장에 들어오고 그 후에 인출이 가능하다. 마찬가지로 주식을 매수했다면 매수 또한 오늘 가격으로 되지만, 이 매수 금액이 2거래일 뒤에나 통장에서 빠져나간다. 현금으로 바뀌는 데 이틀이 걸리는 셈이다.

다만 매도 금액이 실제로 내 계좌에 입금되기 전에 그 금액만큼 다른 종목을 살 수는 있다. 예를 들면 주식을 매도하면 계좌 내 '예수금 T+2' 항목에 주식을 판 금액이 더해져 표시되는데, 그 돈을 모두 출금할 수는 없어도 그 돈으로 다른 주식을 매수하는 건 가능하다는 얘기다. 쉽게 말해 월요일에 B주식을 5만원 어치 매도했다면, 당일날 C주식을 다시 5만원 어치(제세공과금 등은 편의상 제외) 사들일 수 있다. 단지 돈만 인출할 수 없을 뿐이다.

보이지 않는 복잡한 전산 시스템이 만들어낸 T+2

이는 중간에 한국예탁결제원(이하 예탁원)이라는 기관이 껴있기 때문이다. 내가 가진 주식은 증권사가 아닌 예탁원에 전자증권의 형태로 보관되어 있고 한국거래소를 통해서 거래가 이뤄진다.

그런데 예탁원에서는 거래가 이뤄질 때마다 일일이 출금해서 정산하고 계좌에 주식을 넣어주지 않고, 특정 주식이 김씨에서 이씨로 소유권이 바뀌면 증권 위에 '김씨'란 이름을 지우고 '이씨'란 이름을 적어넣고 거래대금만 정산해준다. 그러니 B 주식을 판 돈이 실제론 계좌에 아직 들어오지 않았어도 다시 C 주식을 바로 살 수 있는 것이다. 물론 증권계좌에는 실제 주식을 갖고 있는 것처럼 표시가 되긴 하지만 말이다.

그렇다면 예탁원이 중간에 들어간 이유는 무엇일까? 예탁원이 중간에 끼게 되면 거래는 보다 정확해지고 편리해진다. 원래라면 주식을 파는 사람과 사는 사람이 직접 만나 돈과 실물 주식(주권)을 교환해야 했을 것이 예탁원에 맡겨놓기만 하면 거래가 이루어질 때마다 예탁원이 알아서 거래를 체결해주기 때문이다. 실물로 교환하다보면 주식을 잃어버릴 수도 있고, 위조된 주식을 받을 위험성이 있는데 이를 방지해주기도 한다.

하지만 예탁원으로 전산시스템이 넘어갔더라도 거래하는 과정에서 매매가 잘못되었을 수도 있으므로 확인하고 정정하는 과정이 필요하다. 주주명부에 이름을 넣는(명의개서) 등 각종 복잡한 절차가 이루어지다보니 예탁원에 실제 주식이 결제되는 건 거래일로부터 이틀이 지난 뒤에야 가능하게 된 것이다. 이것이 T+2 시스템이 짜여진 배경이다.

그렇지만 증권 전산이 점차 고도화되어가고 있기 때문에 이 결제주기가 향후 더 단축될지도 모른다. 한국 역시 과거엔 주식이 결제되기까지 이틀하고도 반나절이 더 걸렸었지만 T+2로 단축되기도 했다.

한편 한국의 결제시스템은 다른 나라에 비해 빠른 편이다. 미국이나 일본, 영국 등에서는 T+3으로 운영되기 때문이다.

미수금 발생?
제가 빚을 내 투자를 한 건가요?

주식을 살 돈이 부족해도 증거금만 있으면 주식을 살 수 있어.
나머지는 이틀 뒤에 갚으면 돼. 하지만 갚지 못하면 증권사가 멋대로 주식을 파니 주의!
미수거래를 했는지 궁금해? T+2 예수금을 봐!

A씨는 얼마 전 증권사로부터 이상한 문자 한 통을 받았다. 분명 어제 주식통장에 100만원을 넣었다고 생각해서 그만큼의 주식을 매수했는데, 알고 보니 통장엔 50만원밖에 없었고, 50만원어치의 미수금이 발생했다는 것이다. 미수금 발생? 자기도 모르게 빚을 낸 투자를 한 셈이다.

내가 빚을 냈는지 미리 확인할 수 있는 방법은 없을까? 혹은 애초에 빚을 낼 수 없게끔 만들 수는 없을까? 만약 빚을 당장 안 갚으면 어떻게 되는 걸까?

내가 빚을 냈을까? 'T+2 예수금'을 보면 된다

미수거래란 일정한 증거금으로 주식을 산 뒤 이틀 뒤에 갚는 거래를 말한다. 예컨대 삼성전자의 증거금율은 30%인데, 100만 원어치 삼성전자 주식을 사고 싶다면 일단 30만원만 증거금으로 내고 나머지 70만원을 이틀 뒤(영업일 기준)에 계좌에 넣어두는 방식이다. 증거금은 종목마다 다르다.

> **예시** 계좌예수금 : 30만원 / 주식의 증거금율 : 30%
> 체결된 주식매수금액 : 100만원
>
> T 예수금 : 30만원 / T+1 예수금 : 30만원
> T+2 예수금 : -70만원 ⇐ 미수 발생

미수거래를 할 것인지, 혹은 100% 현금으로만 거래를 할 것인지 여부는 증권사 계좌를 만들 때 선택할 수 있지만 대부분의 경우 이를 제대로 확인하지 않고 넘어간다. 하지만 계좌 잔고만 봐도 미수를 썼는지 안 썼는지 알 수 있는 방법이 있다. 바로 '예수금'을 체크하면 된다.

예수금이란 증권사 계좌에 들어 있는 현금이다. 그러나 예수금 전부를 바로 출금할 수 있는 건 아니다. 주식을 주문하면 이틀 뒤(영업일)에 결제가 되기 때문이다. 인출 가능한 현금이 얼마인지를

보려면 'T+2 예수금' 항목을 살펴봐야 한다.

만약 T+2 예상 예수금이 마이너스일 경우 그만큼 미수금액이 발생했단 얘기이기 때문에, T+2일까지 그 금액만큼 계좌에 현금을 반드시 채워 넣어야 한다. 증권사마다 허용 가능한 시간은 다르나, 보통 T+2일이 되는 오후 10~11시 무렵까지 채워 넣으면 문제가 없다.

추가로 채워 넣을 현금이 당장 없다면 미수로 결제한 당일 주식을 매도하거나, 다른 주식을 팔아서 갚는 수밖에 없다. 다만 다른 주식을 팔아 갚으려 한다면 제세공과금 등을 생각해 넉넉히 매도해야 한다는 점을 유념해야 한다.

만약 오늘 특정 종목이 반드시 상승한다는 확신이 있다면 미수거래는 좋은 도구가 될 수 있다. 예컨대 20만원의 증거금을 가지고 100만원어치 주식을 샀다고 가정해보자. 당일 오후 해당 종목이 상한가를 기록해 130만원이 되고, 이때 이를 매도하면 투자자는 20만원으로 150%(30만원)의 수익을 내게 되는 것이다. 다만 당일 매수·매도하지 않을 경우 미수금이 생길 수 있으니 미수거래는 당일에 모두 끝내는 게 안전하다.

빚을 못 갚으면 증권사가 마음대로 주식을 판다

만약 미수금액이 발생했다는 문자를 제때 보지 못했다가 이틀 뒤까지 빚을 못 갚았다면 어떻게 될까? 증권사는 영리기업이기 때문에 투자자의 사정을 봐주지 않고, 단 1원의 손해도 용납하지 않는다. 빚을 못 갚으면 그 금액만큼 3일째 되는 아침에 장이 열리자마자 증권사가 투자자의 주식을 마음대로 팔아버린다. 이를 '반대매매'라고 부른다.

반대매매가 무서운 이유는 주식을 그냥 팔아치우는 게 아니라 하한가를 기준으로 팔아버린다는 점이다. 예를 들어 70만원의 미수가 발생한 종목의 주가가 반대매매 전날 1만원이라고 가정하면 다음날 오전 종가의 하한가인 7천원을 기준으로 총 70만원어치, 즉 100주를 팔아버린다. 수량은 하한가로 맞춰서 산정하지만, 팔 때 시장가에 팔긴 한다. 다만 미수가 발생했을 수량보다 더 많은 수량이 산정되어 팔릴 수 있으니 주의가 필요한 것이다. 심지어 미수가 발생한 종목의 주식을 다 판 뒤에도 미수금을 갚기에 부족하다면 증권사는 해당 투자자가 최근 매입한 종목 순대로 주식을 더 팔아버린다.

따라서 이런 미수거래가 신경 쓰이고 불편하다면 아예 미수거래가 안 되게끔 막아두면 된다. 계좌의 증거금률을 100%로 설정한다면 보유한 현금만큼만 주식을 살 수 있다. 미수거래는 일단 수중에 현금이 없어도 주식거래를 할 수 있다는 장점이 있지만, 만약 갚지 않으면 큰 손해를 볼 가능성이 높기 때문에 신중하게 선택해야 한다. 특히 초보 투자자의 경우 증거금률을 100%로 놓고 거래하는 것을 추천한다.

미수거래와 같은 듯 다른 '신용거래'

신용거래는 미수거래와 똑같이 증권사에서 돈을 빌려서 투자하는 것을 말한다. 현금을 빌려서 투자하는 신용거래는 '신용융자거래'라고 부르고, 주식을 빌리는 신용거래는 '신용대주거래'라고 부른다. 신용융자거래의 경우는 보증금을 담보로 맡기고 돈을 빌려 투자한 뒤, 주가가 오르면 빌린 돈을 갚고 차익을 남기는 형식이다.

한편 신용대주거래는 증권사에 보증금을 맡기고 주식을 빌려서 일단 팔아치운 뒤, 해당 종목의 주가가 떨어지면 되사서 증권사에 갚은 뒤 차익을 남기기 위해 자주 이용된다. 주로 신용융자거래는 상승에, 신용대주거래는 하락에 베팅하는 방식이다.

미수거래는 이틀 뒤에 결제되지만 신용거래는 결제일 기준으로 30~90일까지 빚을 내 투자할 수 있다. 다만 미수거래와는 다르게 해당 기간 동안 정해진 이자를 내야 하는데, 이자율은 빌린 기간에 따라 달라진다. 또한 증거금률은 미수거래보다 더 높게, 즉 보통 40~50% 수준으로 책정되어 있다. 미수거래가 20~30%의 증거금만으로도 가능했던 것에 반해 신용거래의 허들이 더 높은 셈이다.

이 신용거래의 경우에도 담보금이 부족하면 영업일 기준으로 이틀 뒤에 자동적으로 반대매매가 이루어진다. 보통 융자금이나 대주(주식가격 상당액)의 140%를 담보로 잡는데, 이 담보금이

140% 미만으로 떨어지면 증권사가 투자자의 주식을 임의로 팔아치우는 것이다. 이 경우에도 하한가에 맞춰 수량이 매도되므로 주의가 필요하다.

빚 투자가 끝없는 주가 하락의 주범일 수도

주가 하락과 '빚 투자'가 만나면 끝없는 주가 하락의 악순환을 만들어낼 수도 있다. 실제 미국과 중국 간의 무역분쟁이 가열되었던 2018년 10월 코스피 지수는 연중 최저점을 계속해서 갈아치웠었는데, 지수를 계속 끌어내리는 주범이 이 빚 투자라는 지적이 나왔었다.

주가가 내려가면 담보 가치가 떨어지면서 반대매매가 일어나고, 또 반대매매로 매도가 나오다보니 재차 지수가 하락하는 악순환이 반복된 탓이다. 이 과정에서 소위 '깡통계좌(투자자 본인 돈과 증권사로부터 빌린 돈을 합쳐 사들인 주식 가격이 빌린 돈 밑으로 떨어진, 담보유지비율이 100% 미만인 계좌)'가 수없이 발생해 많은 투자자들이 큰 손해를 입었다. 빚을 내 투자를 하는 건 그만큼 신중해야 한다는 것을 보여주는 일례다.

시간마다 달라지는
거래 방식에 주의하자

개장 전, 중, 마감 후 각각의 시간대마다 거래 방식이 달라져.
내가 낸 주문을 적절한 시간에 빨리 체결하고 싶다면
각 시간대의 거래 방식을 잘 알아두자.

주식을 사거나 팔기 위해선 사람들에게 '나 얼마에 몇 주 살게요, 팔게요'라고 알려야 한다. 이렇게 사거나 팔려는 주식의 가격을 부르는 행위를 '호가'라고 한다. 주식을 사기 위해 가격을 제시하는 것을 '매수호가', 팔기 위해 제시하는 것을 '매도호가'라고 한다.

투자자가 증권사에 매수호가, 매도호가만 제시하면 원하는 가격에 거래가 알아서 척척 이루어지게 될까? 그렇지 않다. 내가 주당 1만원에 사겠다고 매수호가를 내도 언제 거래하느냐에 따라서 주식이 9천원에 사질 수도, 1만 1천원에 사질 수도 있기 때문이다.

개장 전 매매 방식, 알고 보면 쉽다

시간 순서대로 거래방식을 알아보자. 주식시장은 언제 눈을 뜰까? 오전 9시부터 오후 3시 30분까지 '정규시장'이 열리는 데 주식시장은 그보다 30분 먼저 움직인다.

8시 30분부터 9시까지는 하나의 가격으로 주식을 거래하는 '단일가 매매' 방식이 적용되는데 시간에 따라 2가지 거래 방식으로 나뉜다.

8시 30분부터 8시 40분까지 10분간은 전 거래일 종가로 거래된다. 가격이 하나이기 때문에 매수, 매도가 맞으면 먼저 나온 호가부터 거래가 즉시 체결된다.

이와 별도로 8시 30분부터 9시까지 '시가 단일가 매매'가 적용된다. 30분간 매수, 매도호가만 받은 후 '9시 땡!' 했을 때 시가로 한번에 거래를 체결하는 방식이다. 거래 체결이 가능한 매수·매도호가를 연결하고 그 중 가장 많이 거래될 수 있는 가격이 시가가 된다. 8시 30분에서 8시 40분 사이에는 '시간 외 전일종가 매매' 또는 '시가 단일가 매매' 둘 중 하나를 선택해 매매하게 된다. 시가 단일가 매매는 다음 장 '종목은 하나인데 가격은 여러 개'에서 자세히 설명하겠다.

개장 후 매매방식, 알고 보면 쉽다

오전 9시부터 오후 3시 20분까지는 접속매매 방식으로 운용된다. 여러 가격이 경합을 벌여 거래를 체결하는 방식이다. 가장 비싼 매수호가와 가장 싼 매도호가를 먼저 체결하는 '가격 우선 원칙'과, 호가를 먼저 낸 순서대로 거래를 체결하는 '시간 우선 원칙'을 적용한다.

예를 들어 A는 1만 500원에 100주를, B는 1만 100원에 200주를 사겠다고 했다고 치자. 그리고 C는 1만 200원에 200주를, D는 9,900원에 200주를 팔겠다고 하며, E는 1만 400원에 300주를 사겠다고 한 것으로 가정해보자.

■ **시간과 가격 우선 원칙**

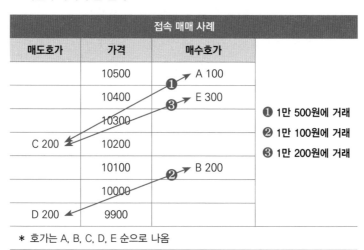

접속 매매 사례			
매도호가	가격	매수호가	
	10500	A 100	❶ 1만 500원에 거래
	10400	E 300	❷ 1만 100원에 거래
	10300		❸ 1만 200원에 거래
C 200	10200		
	10100	B 200	
	10000		
D 200	9900		

＊ 호가는 A, B, C, D, E 순으로 나옴

호가는 A, B, C, D, E 순으로 나왔다. 이때 가장 먼저 거래가 체결되는 것은 A와 C의 100주다. 거래가격은 A가 제시한 1만 500원이다. 그 다음 B와 D는 B가 제시한 1만 100원에 200주를 거래한다. 이후 C가 남은 100주를 E와 1만 200원에 거래하게 된다. 장중 주가는 1만 500원, 1만 100원, 1만 200원으로 변한다.

오후 3시 20분부터 정규장이 끝나는 오후 3시 30분까지는 '종가 단일가 매매' 방식으로 거래된다. 시가 단일가 매매와 똑같이 종가를 만들기 위해 10분간 매수호가, 매도호가만 받고 3시 30분에 단일가로 거래를 체결하는 것이다.

장이 끝나도 매매는 계속된다

장이 끝나는 오후 3시 30분부터 3시 40분까지 10분간은 또다시 호가만 받는다. 이때 호가는 당일 종가 하나다.

다음으로 오후 3시 40분부터 4시까지 '시간 외 당일 종가매매' 방식으로 거래가 이루어지는데, 이에 앞서 10분간 당일 종가로 거래할 것인지 결정하는 기회를 주게 된다. 당일 종가가 예상보다 낮아 주식을 사겠다고 생각했다면 3시 30분부터 매수 호가를 내면 된다. 만약 매수 호가를 냈다가 아무리 생각해도 주가가 더 떨어질 것 같다면 10분 내 호가를 취소할 수도 있다. 오후 3시 40분이 되면 오후 3시 30분부터 나왔던 호가 순서대로 거래를 체결한다. 가격은 하나이기 때문에 '시간 우선의 원칙'만 적용한다.

오후 4시부터 오후 6시까지는 '시간 외 단일가 매매' 방식으로 거래된다. 4시부터 매 10분 단위로 호가를 모았다가 하나의 가격을 산출해 10분마다 거래를 체결하게 된다. 이렇게 2시간 동안 12번의 단일가가 산출되고 거래가 체결된다.

단일가 매매는 '시가 단일가 매매, 종가 단일가 매매, 시간 외 단일가 매매' 등으로 하루에 3번 이뤄진다. 그 밖에 상장폐지가 결정된 후 투자자에게 마지막 매매 기회를 주는 정리매매를 하는 경우, 주가가 단기간에 너무 많이 올라 '단기과열종목'으로 지정된 경우 등에도 단일가 매매 방식을 적용한다.

■ **시간 순서에 따른 주식 거래 방식**

시간	거래방식	특징
오전 8시 30분~8시 40분	시간외 전일 종가 매매	즉시 거래 체결
오전 8시 30분~9시	시가 단일가 매매	호가 접수 후 9시에 한번에 거래 체결
오전 9시~오후 3시 20분	접속매매	실시간 거래 체결
오후 3시 20분~3시 30분	종가 단일가 매매	호가 접수 후 3시 30분에 한번에 거래 체결
오후 3시 30분~3시 40분	당일 종가로 호가만 접수	호가만 접수
오후 3시 40분~4시	시간외 당일 종가 매매	호가 접수 순서대로 즉시 거래 체결
오후 4시~6시	시간외 단일가 매매	10분 단위로 단일가 거래 체결

출처: 한국거래소

종목은 하나인데
가격은 왜 여러 개가 있죠?

시가, 고가, 저가, 종가, 상한가, 하한가….
한 종목에 붙은 가격표가 여러 개니 헷갈린다.
이 가격들의 의미는 대체 무엇이고 또 어떻게 형성되는 걸까?

종목은 하나인데 주식 가격은 여러 개다. 이름만 들어도 그 뜻이 대략 짐작은 가겠지만 알쏭달쏭한 경우도 있다. 주식을 시작한지 얼마 안 된 투자자 중에는 "시가, 고가, 저가, 종가 중 '시가'는 영 모르겠다. 식당 메뉴판의 해산물 이름 옆에 적혀 있는 그 '싯가'냐?"며 헷갈려 하는 경우가 있다.

9시 땡! 하고 정규 시장이 열리자마자 HTS가 가리키는 주가가 바로 시가다. 시가는 시작가, 시초가의 줄임말이다. 정규시장동안 주가가 오르락내리락하면서 움직이는데 가장 높게 거래된 가격이 고가, 가장 낮게 거래된 가격이 저가다. 종가는 마감가다. 오후 3시 30분 정규장이 끝난 뒤의 주가를 가리킨다.

다만 고가와 저가에는 한계선이 있다. 고가는 전일 종가보다 30% 이상 오르지 못한다. 반올림해 30% 올랐다면 그 가격을 상한가라고 한다. 하한가는 전일 종가보다 30% 아래로 하락한 것을 말한다. 그 이하로 떨어질 수 없다. 전일 종가가 1만원이라면 그 다음날 주가는 7천원에서 1만 3천원 사이에서만 움직일 수 있도록 가격 변동폭이 제한되어 있다.

투자자들이 가장 궁금해 하는 것은 '왜 오늘의 시작가가 어제의 종가와 다른가' 하는 것이다. '어제 장이 끝날 때 1주당 1만원에 마감되었다면 그 다음날 시초가도 1만원이어야 하는 것 아니냐'는 의문을 제기할 수도 있다.

주가가 회사의 가치가 얼마인지 보여주는 잣대인 데 반해 전일 종가는 회사의 가치를 제대로 보여주지 못한다. 오후 3시 30분 이후 그 다음날 장이 시작할 때까지 17시간 30분 동안 회사에 예상치 못한 일이 벌어질 가능성이 있기 때문이다. 그러니 거래가 끊겼다가 다시 시작되는 시초가는 전일 종가와 달라져야 한다.

실제로 코오롱생명과학의 2020년 4월 13일 종가는 2만 6,900원이었는데, 그 다음날 시가는 그보다 무려 29.9% 오른 3만 4,950원이었다. 코오롱생명과학의 계열사 코오롱티슈진의 관절염 치료제가 미국 임상을 재개한다는 소식에 주가가 오른 것이다.

그렇다면 왜 29.9%나 올려서 시작한 것일까? 시가, 종가에는 가격을 만드는 특별한 방법이 있다. 시가, 종가는 일정 시간 동안 접수받은 매매 주문을 같은 시각에 하나의 가격으로 집중 체결하는 '단일가 매매 방식'을 적용한다.

오전 8시 30분부터 9시까지 투자자들에게 매수·매도 주문을 받은 것은 9시에 시가가 되고, 오후 3시 20분부터 오후 3시 30분까지 받은 매매 주문은 그날의 종가가 된다. 이 시간 동안에는 주문만 받았다가 단일가가 산출되면 각각 오전 9시, 오후 3시 30분에 한꺼번에 거래가 체결된다. 단일가 매매는 주식 거래가 중단되었다가 다시 거래되는 경우나 장 마감을 앞두고 매매 주문이 한꺼번에 몰려 주가가 급변할 가능성이 높은 경우, 신속하게 균형 잡힌 가격을 찾아준다는 장점이 있다.

시가와 종가는 어떻게 만들어지나?

단일가, 즉 하나의 가격은 어떻게 만들어질까? 일종의 커플 매칭 게임이라고 생각하면 쉽다. 주식을 매수하겠다는 사람은 더 비싸게 사겠다고 하고 주식을 팔겠다는 사람은 더 싸게 팔겠다고 하면 '가격 우선 원칙'에 따라 먼저 커플이 된다. 먼저 나온 주문은 '시간 우선 원칙'에 따라 먼저 맺어진다. 이후 마지막에 매칭된 거래의 가격이 단일가가 된다.

예를 들어 전일 종가가 1만원인 주식이 있다고 가정해보자. 그 다음날 아침 A는 이 주식을 1만 1천원에 50주 사겠다고 하고 B는 9천원에 40주를 사겠다고 한다. C는 9,300원에 30주를 팔겠다고 하고, D는 9,500원에 30주를 팔겠다고 한다. 주문은 A, B, C, D 순으로 나왔다. 매수측에선 A → B 순으로, 매도측에선 C → D 순으로 매칭이 이뤄진다.

일단 A와 C는 30주를 거래할 수 있다. A는 1만 1천원 이하로만 주식을 사면 되고, C는 9,300원 이상으로만 팔면 되니 서로 만족할 만한 거래다. A는 남은 20주를 D와 거래할 수 있다. B와 D는 가격이 맞지 않아 거래가 불가하다. B는 9천원 이하로만 사겠다고 하고 D는 9,500원 이상은 받아야 팔겠다니 말이다.

그러면 마지막 거래는 A와 D의 거래다. 그런데 A가 제시한 가격은 1만 1천원이고, D가 제시한 가격은 9,500원이다. 투자자가 제시한 매수·매도 가격이 다를 경우엔 직전 가격과 가까운 가격이 단일가가 된다. 시가 결정시엔 전일 종가가 직전 가격이고, 종가 결정시엔 오후 3시 20분 마지막 체결가격이 직전 가격이다. 그러므로 9,500원이 단일가가 된다.

다만 '시가 단일가 매매'에서 시가가 상한가 또는 하한가로 결정되는 때에는 동시호가를 적용한다. 동시호가는 말 그대로 호가가 같은 시간에 나왔다고 가정하는 것이다. 즉, 시간은 무시하고 '가격 우선 원칙'에 따라 거래를 체결한다. 가장 먼저 호가를 제시한 투자자가 대량으로 주문할 경우 이 투자자만 주식 매수·매도를 독식하게 되기 때문에 상한가·하한가 가격대 주문을 낸 투자자에 대해선 주문 수량이 많은 순으로 한국거래소 규정에 따라 주식을 배분한다.

첫 번째 호가 제시자인 A가 상한가인 1만 3천원에 무려 1천만 주를 사겠다고 했는데, 동시호가를 적용하지 않으면 주식 전체 매도물량을 A만 차지하게 된다. 동시호가는 거래를 원하는 투자자 다수의 수요를 충족시키기 위한 것이다.

단일가 매매를 잘 활용하면 기대치보다 주식을 더 저렴하게 살 수도, 더 비싸게 팔 수도 있다. 앞선 예에서 A의 경우 1만 1천원에 사려고 했던 주식을 9,500원에 샀고, C 역시 9천원에 팔려던 주식을 500원 더 비싸게 팔았다.

10주 살 돈이 있는데 8주밖에 안 사져요?

주식을 얼마에 사겠다고 직접 결정해 살 수도 있지만,
몇 주를 사겠다고 결정만 하면 알아서 가장 유리한 가격에 주식을 사주기도 한다.
주식을 사는 5가지 방법, 뭐가 제일 유리할까?

증권 계좌에 예수금 120만원이 있고 A종목은 장중에 주당 1만 100원에서 거래되고 있다. A종목이 더 오를 것 같아 100주를 사겠다고 매수 주문을 냈다. 그런데 어라? 증거금이 부족하다며 100주를 못 산다고 한다. 증거금은 주식 거래 결제를 위한 보증금을 말한다. 1만 100원짜리 주식을 100주 사겠다고 하면 101만원만 있으면 되고, 그러고도 19만원이나 남는데 도대체 뭐가 부족하단 말인가.

만약 이런 상황을 겪게 된다면 HTS상에서 '시장가 주문'을 선택했는지 잘 살펴봐야 한다. 시장가 주문의 경우 '매수'는 상한가를 기준으로 증거금을 산정하고, '매도'는 하한가를 기준으로 증거금을 계산한다.

A종목이 전날 1만원에 거래를 마쳤다면 증권 계좌에 130만원 이상 있어야 100주를 살 수 있단 얘기다.

지정가 주문, 시장가 주문, 조건부 지정가 주문

주식 매수 및 매도 주문을 낼 때 호가를 부르는데, 호가를 부르는 5가지 방법이 있다.

가장 많이 사용되는 방법은 '지정가 주문'이다. 투자자가 A종목을 얼마에 몇 주 사거나 팔겠다고 명확히 가격을 명시해 주문을 내는 방법이다. 1만원에 사겠다고 하면 1만원 이하에 나와 있는 매도 주문과 체결되고, 1만원에 팔겠다고 하면 1만원 이상으로 사겠다는 매수 주문과 체결된다. 투자자가 지정한 가격보다 불리하게 거래가 이뤄지지 않는다는 장점이 있다.

그러나 희망하는 가격에 부합하는 매수·매도 주문이 없다면 거래가 이뤄지지 않는다. 1만원에 매수 주문 100주를 냈는데 매도 주문은 50주밖에 없다면 50주만 거래된다.

'시장가 주문'도 있다. '얼마에 사겠다, 팔겠다'보다 일단 '사고 보자, 팔고 보자'는 투자자들이 내는 주문이다. 이는 주가가 폭등하거나 폭락할 때 유리하다. 주식을 사거나 팔겠다는 마음이 지정가 주문을 낸 투자자보다 강하기 때문에 시장가 주문은 지정가 주문보다 먼저 체결된다. 주문 수량 대부분이 즉시 거래되지만 매수 또는 매도물량이 맞지 않는다면 거래가 이루어지지 않을 수도 있다.

지정가 주문과 시장가 주문을 합쳐놓은 '조건부 지정가 주문'도 있다. 오전 9시부터 오후 3시 20분까지는 지정가로 주문하지만 이때까지도 거래가 이루어지지 않은 주문 수량이 있다면 3시 20분부터는 '시장가 주문'으로 전환된다. 시장가 주문으로 전환되면 종가 단일가 매매 개시 시점(오후 3시 20분)에 주문이 접수된 것으로 가정한다. 종가 결정을 위한 단일가 매매에 참여하게 된 것이므로 가격이 맞으면 종가로 거래가 체결된다.

하지만 상한가 매수, 하한가 매도로 '조건부 지정가 주문'을 하는 것은 허용되지 않는다. 상한가 매수, 하한가 매도 주문이 장중에 체결되지 않을 경우 해당 주문은 거래 체결에 유리한 주문임에도 종가 단일가 매매가 개시되는 오후 3시 20분에 제출된 것으로 가정되어 시간 우선 순위에서 밀리게 되기 때문이다.

최유리지정가주문, 최우선지정가주문

'최유리지정가주문'과 '최우선지정가주문'도 있다. 최유리지정가 주문은 종목과 수량은 지정하되 주식을 살 때는 시장에 나와 있는 최저가를 부르고, 주식을 팔 때는 최고가를 부르는 주문이다. 매도 주문의 경우 해당 주문 접수 시점에 가장 높은 매수 주문 가격을, 매수 주문의 경우 가장 낮은 매도 주문 가격을 지정한 것으로 가정한다. 주문을 내는 시점에 주문자에게 가장 유리한 가격을 지정했단 의미다.

최유리지정가주문을 냈는데 주문을 낸 모든 수량이 체결되지 않고 일부만 체결될 때도 있다. 이럴 때는 남은 주문 수량에 대해선 최초 거래 가격으로 지정가 주문을 냈다고 가정하고 거래가 이루어진다. 예컨대 300주를 최유리지정가로 매수 주문을 냈다고 하자. 이중 200주만 먼저 주당 1만원에 체결되었다면 남은 100주도 1만원으로 거래가 체결되도록 한다는 얘기다. 시장에서 나와 있는 주문 중 1만원 다음으로 높은 가격을 찾아 거래되는 것이 아니라 최초 거래 가격을 유지하는 셈이다.

최우선지정가주문은 최유리지정가주문과 정반대다. 주식을 살 때는 해당 주문 접수 시점에 가장 높은 매수 가격을, 주식을 팔 때는 가장 낮은 매도 가격을 지정한 것으로 보는 주문이다. 가격 면에서는 불리하지만 다른 투자자보다 먼저 주식을 거래할 수 있다는 장점이 있다.

카카오게임즈 상장한다던데 주식을 미리 살 순 없나요?

처음 상장하는 회사가 투자자들을 공개 모집할 때
미리 청약하면 상장일 전에 주식을 받을 수 있어.
단, 청약할 때 경쟁률이 너무 높으면 배정받는 주식은 턱없이 적어질 수 있어!

아파트를 사는 방법은 2가지가 있다. 기존에 살던 사람한테 살 수도 있고, 새 아파트를 청약해 분양받을 수도 있다. 주식도 마찬가지다. 비상장회사가 한국거래소에 처음 상장하면서 투자자들을 공개적으로 모집하는데, 이때 발행하는 주식을 '공모주'라고 한다. 새 아파트 청약과 비슷하다.

공모주란 무엇인가?

부모님과 친구의 돈을 모아 설립된 자본금 2억원의 '더 치킨'이 한국거래소에 상장한다고 가정해보자. 상장을 하면서 자본금을 2배로 늘리고 싶다. 친구도 자기가 투자했던 5천만원을 돌려달라고 한다. '더 치킨'은 상장을 통해 2억 5천만원의 자금을 모아야 한다. 그러려면 '더 치킨'이 매년 얼마를 벌어왔고 앞으로 얼마나 벌 수 있느냐 등을 모든 사람들에게 공개해야 한다. 이를 기업공개, IPO(Initial Public Offering)라고 한다. '더 치킨'은 기업 공개를 통해 새 주주를 맞게 된다.

'더 치킨'은 새 주주에게 투자금을 모으면서 주식을 줘야 한다. 이때 주식을 한 주당 얼마에 발행할까를 고민하게 된다. 공모가격이 얼마에 결정되느냐에 따라 발행해야 하는 주식 수도 달라질 것이다. '더 치킨'은 주식 상장을 위해 상장주관사를 결정한다. 상장주관사는 '더 치킨'이 어떤 회사인지 홍보하고, 공모가격을 결정하고, 주식을 청약, 상장하는 모든 과정을 함께하는 매니저 역할을 한다.

상장주관사는 증권사가 맡는다. 증권사 한 곳만 선정될 수도 있고, 기업 규모가 큰 경우에는 여러 곳이 선정될 수도 있다. 상장주관사와 '더 치킨'은 희망 공모가격을 주당 1만~1만 5천원 등 일정 범위 내에서 제시한다.

기관투자가를 상대로 먼저 공모주 청약 기회를 주고, 청약 경쟁률에 따라 최종 공모가격을 정한다. 이를 '수요예측'이라고 한다. 기관들의 인기를 끈다 싶으면 공모가를 높게 설정해도 되지만 인기가 별로라면 공모가가 낮게 정해진다. 공모가격이 마음에 들지 않아 상장을 포기하는 경우도 있다. 이후 일반투자자를 상대로 공모주 청약을 하게 된다.

'더 치킨'의 공모가격이 주당 1만원에 결정되었다면 2만주를 신주로 발행하게 된다. 2만주를 발행하면 2억원의 자금이 모아지고 나머지는 친구가 보유한 5천주(5천만원 상당)를 새 주주한테 넘기면 된다(상장을 통해 얻은 이익 중 친구 몫은 없다고 가정). 공모주는 이렇게 주식을 새로 발행하는 '신주 발행'과 이미 발행된 주식을 팔아넘기는 '구주 매출'을 통해 자금을 모집하게 된다.

공모주 투자는 어떻게 하나?

공모주도 증권사 HTS에서 청약할 수 있으나 상장주관 증권사에서만 가능하다. 청약을 신청한 주식 가격의 50%만 증권사 계좌에 있으면 이를 증거금으로 공모주 청약을 할 수 있다. 공모가격이 주당 1만원인 주식 100주를 청약했다면 계좌에 50만원이 있어야 한다. 100주를 모두 청약받았다면 나머지 50만원을 추가로 납부하면 된다. 다만 경쟁률이 2대 1이 넘으면 증거금 내에서 자금을 모두 치를 수 있어 사실상 추가 납입이 불필요하다.

그러나 100주가 모두 청약에 성공하는 경우는 흔치 않다. 공모주의 60%(나머지 20%는 우리사주조합에 우선 배정, 20%는 일반투자자 공모)가 기관투자가한테 배정되는 데다 청약 경쟁률이 높으면 주식 배정을 받기가 쉽지 않기 때문이다. 또한 특정 개인이 공모주를 많이 가져가는 것을 방지하기 위해 상장주관사마다 청약

한도가 있고 이에 따른 1인당 한도도 정해져 있다. 청약 경쟁률이 100대 1이라면 100주를 청약해봤자 고작 1주밖에 살 수 없다. 나머지 49만원은 환불받는다.

어떤 회사가 언제 청약을 하는지, 상장주관사가 어디인지는 한국거래소의 기업공시채널(KIND)의 'IPO현황'에서 손쉽게 확인할 수 있다.

공모주 투자 땐 '이것'만은 꼭 주의해야

공모주 투자는 흔히 좋은 주식을 싼 가격에 사들여 상장 첫 날 주가가 많이 올랐을 때 주식을 팔아 이익을 내는 것이다. 상장 첫 날 공모주의 시초가는 공모가격의 90~200%에서 결정되고, 시초가의 ±30%가 상한가, 하한가가 된다. 즉 공모가격이 1만원이라면 9천~2만원 사이에서 시초가가 결정되고, 주가는 시초가가 얼마로 결정되느냐에 따라 6,300~2만 6천원 내에서 거래될 수 있다. 주가가 오른다면 1만원에 청약을 받은 투자자는 최대 2.6배의 이익을 얻을 수 있다.

그러나 공모주에 투자할 때는 '공모가격 뻥튀기'에 주의해야 한다. 비상장회사가 상장하는 이유는 자금을 쉽게 조달하기 위해서다. 특히 상장할 때 최대한 많은 자금을 끌어모으려고 한다. 이를 위해 회사는 이익이 많이 나는 것처럼 재무제표를 포장할 가능성이 있다. 공모가격을 높이기 위해서다. 그러다보니 상장하기 직전연도에만 잠깐 흑자를 내고 상장 이후엔 계속 적자를 내는 회사도 있다.

상장 후 몇 년째 공모가격을 밑도는 주식도 있다. 게임회사 넷마블은 2017년 5월 공모가격이 주당 15만 7천원이었고 그 해 12월 20만원으로 최고가를 기록했으나 주가가 미끄러져 3년째 (2020년 8월 7일 기준) 공모가에 못 미치고 있다.

회사는 희망공모가를 제시하는 몇 군데 증권사 중 1~2곳을 뽑아 상장주관사로 선정하는데 너무 낮은 공모가를 제시하는 곳은 상장주관사로 선정되기 어렵다. 그러다 보니 공모가격을 높여 자금을 최대한 모으려는 회사와 회사에게 잘 보여야 하는 상장주관사의 이해관계가 '공모가 뻥튀기'로 이어지기 쉽다.

통상 기관투자가와 일반 투자자들의 청약경쟁률이 높을수록 상장 후 주가가 오르는 게 일반적이지만 반드시 공모가보다 높은 주가를 보장하진 않는다. 현명하게 투자하려면 전자공시시스템의 투자설명서 등을 통해 공모가격의 산정근거를 확인하고 상장주관사의 상장 주관 이력 등도 확인할 필요가 있다.

공모주 투자는 상장 후 주가가 오르면 바로 주식을 팔려는 수요가 급증하기 때문에 주가 하락으로 이어지기 쉽다. 특히 주식 공모물량의 60%를 가져가는 기관투자가가 보유한 주식이 한꺼번에 나올 경우엔 주가 급락폭이 커질 수 있다.

이를 막기 위해 기관투자가가 주식을 일정 기간 동안 강제로 보유한 후에야 팔도록 하는 규정이 있는데 이를 '의무보유 확약'

이라고 한다(의무보유 확약은 기관투자가 선택 사항). 보통 2주, 1개
월, 3개월, 6개월 단위로 의무보유 확약 기간이 끝나는데 이 기간
이 언제 끝나는지, 얼마나 매도 물량이 있는지 등을 미리 확인할
필요가 있다. 이 역시 기업공시채널(KIND)에서 확인할 수 있다.
투자자는 이 시점을 피해 주식을 파는 것이 유리하다.

아마존이나 텐센트 주식을
사고 싶어요

증권사 계좌에서 해외주식 거래만 신청하면
방구석에서도 아마존이나 텐센트 주식을 살 수 있다!
단, 달러 환전과 거래수수료를 생각하면 장기투자를 해야 유리하다는 점을 잊지마.

미국에 상장된 아마존의 주가는 최근 5년간 총 500% 가까이 올랐다. 같은 기간 삼성전자의 주식은 160%가량 올랐다. 한편 텐센트는 홍콩 시장에서 같은 기간 250% 넘게 올랐다(모두 2020년 8월 7일 기준). 전 세계로 돌리면 얼마든지 좋은 기업들이 많다.

그렇다면 평범한 나도 한국에서 전세계 주식을 쉽게 살 수 있을까? 정답은 'Yes'다. 해외주식 투자 과정은 생각보다 심플하다.

계좌개설 ⇨ 해외주식 거래이용 신청 ⇨ 원화 입금 ⇨ 환전 ⇨
주식주문 ⇨ 매도 ⇨ 원화로 환전 ⇨ 출금

방구석에서 클릭 몇 번이면 전 세계 주식을 살 수 있다

한국 경제는 인구 감소와 고령화에 시달리면서 오랫동안 저성장에 시달리고 있다. 한국 주식시장에서도 고성장하는 기업을 찾기는 그리 쉽지 않다. 그래서 많은 투자자들은 해외투자를 돌파구로 삼고 있다. 아직 해외에는 고성장하는 국가나 기업이 많기에, 한국에서 수익을 못 올려도 해외투자를 통해선 여전히 고수익을 기대할 수 있기 때문이다. 노후 대비를 위해 높은 수익률을 올리려면 해외투자가 필수인 시대가 되었다.

한국 내 대부분의 증권사는 자신들의 홈트레이딩시스템(HTS)이나 모바일트레이딩시스템(MTS)을 통해 전 세계 주요 국가들의 주식투자 서비스를 지원한다. 굳이 미국이나 중국 같은 해외에 살지 않아도, 현지 계좌를 갖고 있지 않아도 해외 주식을 '직구'할 수 있다. 자신의 증권사 계좌에서 해외주식을 거래하겠다고 신청만 한다면 말이다.

당장 외국돈이 수중에 없어도, 외환 통장이 없어도 거래가 가능하다. 자신의 증권 계좌에 원화를 입금하고 증권사 내 환전 시스템을 통해 달러나 위안화 등 외화로 환전하면 된다. 증권사에 따라서는 투자자가 환전을 할 필요 없이 원화로 해외주식을 주문할 수 있는 시스템을 둔 곳도 있다. 방구석에 앉아 클릭만 몇 번 하면 전 세계 주식이 내 계좌로 들어오는 시대다.

미국 주식 사려고 밤샐 필요 없다

주식 거래는 한국 장이 열리는 시간이 아닌 현지 거래 시간에 HTS와 MTS를 통해 가능하다. 미국의 경우 한국 시간으로 평일 오후 11시 30분부터 다음날 오전 6시까지 장이 열린다(서머타임 적용시 22:30~05:00). 원칙적으론 한국 시간으로 저녁 늦게나 새벽에야 주식을 거래할 수 있단 얘기다.

현지 휴장일도 꼼꼼히 챙겨야 한다. 예컨대 한국은 매년 수능(수학능력시험)날에 장이 닫히지만, 미국에선 그렇지 않다. 이처럼 나라별로 휴장일이 다르다. 또한 별도의 수수료를 내지 않는 이상 HTS나 MTS에 표시되는 현지 종목의 주가는 15분 늦게 반영된다는 사실도 잊지 말아야 한다.

해외주식투자를 하고는 싶은데 밤잠이 많아 미국 장이 열리는 시간엔 도저히 깨어 있기가 힘든 투자자도 많을 것이다. 이런 투자자가 미국 주식에 투자할 수 있는 방법이 있으니, 바로 예약주문을 활용하는 것이다. 미리 환전만 해뒀다면, 예약주문을 걸어두고 자면 된다.

예약주문을 걸 때는 언제부터 매수할 것인지, 어떤 종목을 얼마에 몇 주 살 것인지를 지정해두면 된다. 투자자가 예약주문을 걸 때는 증권사가 고객의 잔고 등을 체크하지 않고 일단 주문을 받아준다. 이렇게 건 예약주문은 현지 거래소가 개장한 뒤 5분 후부터 접수 순서에 따라 미국으로 전송되는데, 이때 고객의 돈이 부족하면 거래가 거부된다. 예약주문이 걸렸다고 해서 거래가 무조건 된다는 것은 아니니 계좌에 돈이 충분한지 투자자가 직접 확인해야 한다. 달러로 환전도 하지 않은 채 예약주문을 걸었다가 막상 장이 열리면 거래가 거부되는 사례들이 종종 있으니 말이다.

환전할 필요 없이 원화로 해외 주식을 바로 살 수 있는 증권사의 경우, 사고 싶은 주식 금액만큼 원화를 해외주식 계좌에 입금한 뒤 주문을 하면 다음날 오전 매수한 금액만큼 자동으로 환전이 된다. 이때 원화 주문 가능 금액은 입금한 금액의 95%까지만 가능하다. 다음날 환율이 크게 뛸 수 있으니 어느 정도 금액을 남겨두는 것이다. 만약 환율이 다음날 크게 올라 넣어 놓은 원화조차 부족해진다면, '기타 대여금'이라는 빚이 생긴다. 빚을 갚을 때까지 연체 이자가 부과되니 주의해야 한다. 자세한 부분은 증권사마다 다르니 이용하는 증권사 홈페이지를 살펴보는 것이 좋다.

떼는 돈 생각하면 장기투자를 해야 이익

해외주식투자는 떼는 돈이 많다. 먼저 환전이 필수적이기 때문에 환전할 때 빠져나가는 돈이 많다. 대부분 오전 9시부터 오후 4시까지 환전을 지원하나, 이 시간 외에도 환전이 가능한 증권사도 많다. 다만 추가로 수수료가 더 붙을 뿐이다.

환율은 각 증권사가 지정한 시중은행의 고시환율을 따른다. 환전 수수료는 이 환율의 대략 1% 전후다. 요즘은 증권사에서 해외

주식투자자 유치를 위해 환전 수수료를 깎아주는 환율우대 서비스를 활발하게 운영하기도 한다.

다만 환전을 할 때 주의해야 할 것이 있으니 바로 '환차손'이다. 해외주식에 투자할 땐 내가 투자한 나라의 통화 가치와 원화 가치가 어떻게 변하느냐에 따라 주식 수익률도 달라진다는 점을 유념해야 한다.

예를 들면 미국 주식을 사기 전에 원화를 달러로 바꿀 땐 원화가 비싸야 유리하다. 1달러 살 때 1천원 내야 했던 것을 900원만 내면 되기 때문이다. 반대로 미국 주식을 팔아 원화로 바꿀 때는 달러가 비싸야 한다. 1달러를 팔면 900원 받았던 것에서 1천원 받을 수 있는 것으로 바뀌게 되니 말이다. 만약 달러가 비쌀 때 해외 주식을 매수하고 달러가 쌀 때 해외주식을 팔아 원화로 바꾸면, 그대로 내 주식 수익률이 손해를 본다. 이걸 흔히 '환차손'이라 부른다.

다음으로 해외주식을 매수·매도할 때마다 붙는 거래수수료도 감안해야 한다. 거래수수료는 대개 0.2% 전후로 붙는다. 따라서 해외 주식을 거래하면 환차손에 환전수수료뿐 아니라 매매수수료까지 든다는 점을 고려해야 한다. 거래할 때마다 떼는 돈 이상의 수익을 올려야만 '똔똔'이 된다. 그래서 해외주식은 여러 차례 사고파는 단타매매보다 꾸준히 높은 수익률을 노리는 장기투자가 유리하다.

주식으로 어느 정도 수익률을 내야 잘한 걸까요?

우리나라 사람들이 주식에 투자하면서 기대하는 수익률은 몇 %일까? 주식으로 어느 정도 수익률을 내야 잘했다고 할 수 있을까?

비트코인이 뜬다 싶으면 비트코인으로 우르르 몰려가 '김치 프리미엄'이란 용어까지 만드는 것을 보면 웬만한 수익률로는 만족을 못할 것 같기도 하다. 김치 프리미엄은 2018년 비트코인 등 가상화폐가 크게 인기를 끌었을 때 만들어진 신조어로 가상화폐 거래가격이 유독 해외보다 우리나라에서 비싸게 거래되는 현상을 뜻한다. 즉 가격에 프리미엄이 붙었다는 것이다.

같은 선상으로 '레버리지, 곱버스(인버스의 2배)'가 우리나라처럼 인기를 끄는 나라도 드물다고 한다. 기초지수의 상승, 하락폭의 2배만큼 이익을 볼 수 있는 상품인데 '더 잃어도 좋으니 두 배는 더 벌어보겠다'는 투자 심리가 강한 것이다.

이런 투자 성향을 통해 우리나라는 주식에 투자해서 기대하는 수익률이 다른 나라보다 높은 편에 속한다는 것을 알 수 있다. 혹자는 평균 20~30%는 될 것이라고 한다. 기준금리가 마이너스인 유럽에선 주식에 투자해 기대하는 수익률이 고작 2%인 것으로 알려졌다. 원금을 최대한 잃지 않는 것이 목표가 되어버린 것이다.

우리나라도 기준금리가 0%대(2020년 8월 7일 현재 기준금리 연 0.5%)로 하락했고, 은행 금리마저 낮아지고 있으니 주식에 대한 기대수익률은 점점 하락할 것으로 보인다.

✎ 수익률 기준점이 되는 '벤치마크'

주식에 투자하는 사람마다 기대하는 수익률이 다를 테니 사실상 정답은 없다. 그러나 최소한 5천만원까지 원금이 보장되는 은행 1년 정기예금 평균 금리 0.8%(2020년 8월 7일 현재)보단 높아야 할 것이다. 나라가 망하지 않는 한 원금과 이자를 상환받을 수 있는 국고채 금리 0.7~0.8%보다 높아야 한다. 은행 정기예금, 국고채 금리 등은 위험이 없는 자산이기 때문이다.

이에 비해 주식은 원금 전액을 잃을 수 있는 위험이 있고 그 위험을 감수하고 투자하는 것이기 때문에 최소한 이들보다는 훨씬 높은 수익을 내야 한다. 그러나 앞서 말한 20~30%와 은행 예금 금리 1%는 차이가 너무 크다.

그래서 주식에 투자하는 기관투자가들이 가장 많이 목표로 삼고 기준점이 되는 것이 벤치마크 수익률을 이기는 것이다. 코스피 종목에 투자하면 코스피 지수나 코스피200지수가 벤치마크가 되고, 코스닥 종목이라면 코스닥 지수, 코스닥150지수가 벤치마크가 된다. 마이너스 수익률을 냈어도 벤치마크보다 수익률이 높으면 그 역시 잘한다고 평가받는다.

그러나 개인투자자라면 벤치마크를 아무리 이겼어도 마이너스 수익률에 만족할 수 없을 것이다. 차라리 은행에 예금할 걸 그랬다며 후회할지 모른다. 그러니 벤치마크와 투자 수익률을 비교하는 것은 아무런 의미가 없다.

✎ 투자 위험을 선택하라

다만 투자 위험과 기대수익률은 선택할 수 있다. 투자 위험이 높은 종목을 선택했다면 기대수익률 역시 높을 수밖에 없다. 반대로 투자 위험이 낮은 안정적인 종목을 택했다면 기대수익률도 낮아질 것이다. 주식에 투자할 때는 얼마나 벌 수 있느냐보다 '얼마의 손실을 감당할 수 있는가'를 따져보는 것이 더 중요하다. 그에 따라 기대수익률도, 투자기간도 달라질 것이다.

주식에 투자해 20~30%의 수익률을 얻거나 원금의 두 배를 먹겠다는 목표를 세웠다면 변동성이 큰 위험한 종목을 선택해 단기간에 투자할 수밖에 없다. 별다른 이유 없이 오르는 테마주나 작전주 등에 투자해 빨리 수익을 챙기고 나가겠다는 생각을 하게 될 것이다. 이럴 경우 주식은 굉장히 위험한 자산이 되고 그만큼 기대하는 수익률도 높아지지만 원금 손실 가능성도 커진다.

반면 주식에 투자하더라도 국고채나 은행 정기예금 금리보다 조금만 더 수익을 가져가겠다고 생각할 수도 있다. 분기마다, 반기마다 또는 1년에 한 번씩 이자를 받듯이 배당금을 받는 투자 수단으로 생각할 수도 있다. 해외와 비교하면 아직은 멀었으나 이익의 증가나 감소에 크게 구애받지 않고 꾸준히 배당금을 지급하는 종목도 생겨나고 있다. 삼성전자는 2015년에 현금배당 계획 등과 같은 주주환원 정책을 발표한 이후 이익이 반토막 나더라도 1년에 4번 배당금을 지급하고 있다.

　주식이 은행 예금이나 채권보다는 훨씬 위험한 자산이지만 투자자가 어떤 마음을 먹었느냐에 따라 위험도 달라지고 기대수익률도 달라진다. 그러니 배당주에 투자하면서 20~30%의 수익률을 기대하거나 위험한 종목에 투자하면서 은행보다 좀 더 나은 수익률을 기대하는 것은 맞지 않다. 주식에 투자할 때는 내가 어디에 서 있기를 원하고 내가 선택한 종목이 거기에 맞는 종목인지를 살펴봐야 한다.

어떤 주식을 살지 고민 중인 나. 그런데 무엇이 좋은 주식인지 헷갈린다. 1등 기업이라던 삼성전자는 왜 주가가 5만원밖에 안 하는지, '펀더멘털'이 좋다는데 도대체 무슨 소린지, 친구한테 물어보니 외국인이 사는 종목을 사면 주가가 오른다고 하는데 왜 그런 건지, 내가 찜해놨던 종목은 요즘 따라 무상증자가 많은데 사도 되는 건지 등등 알고 싶은 게 너무 많다. 3장에선 좋은 종목을 고르는 기준들을 차근차근 소개한다.

3장

돈 되는 좋은 종목을
고르고 싶어요

삼성전자가 1등 기업이라면서
주가는 왜 고작 5만원인가요?

종목이 좋은지 판단하려면 단순히 주가만 보면 안 돼.
너무 비싸져서 주식 거래가 적어지면 회사가 거래를 늘리려고
액면분할로 주식을 쪼갤 수 있으니까. 삼성전자가 5만원인 이유다!

2020년 신종 코로나 바이러스로 주가가 급락하자 이번이 주식으로 돈 벌 기회라고 느낀 개인투자자들이 주식투자에 뛰어들면서 '동학개미운동'이 일어났다. 이들이 선택한 종목은 '삼성전자'로, '동학삼전(삼성전자)운동'이란 말이 생겨났을 정도였다.

이들 중 일부는 '삼성전자가 우리나라 1등 기업이라면서 왜 주가가 5만원밖에 안 하지?'란 의문을 품었을 것이다. 주당 가격으로 따지면 LG생활건강이 140만원대(2020년 8월 현재)로 가장 비싸다. 주가는 기업 가치를 나타낸다고 하던데, 그렇다면 주당 가격이 가장 높은 LG생활건강이 가장 좋은 회사인 것일까?

액면가와 주가, 어떻게 다른가?

주식 가격은 어떻게 결정될까? 회사가 처음 설립되어 주주들한테 주식을 나눠주고 투자금을 받아 자본금을 마련한다고 생각해보자. 자본금 10억원이 필요하다면 주당 가격을 얼마로 해서 주주들에게 주식을 나눠줘야 할까를 고민하게 된다. 5천원짜리 주식이라면 주식 20만장을 찍어야 할 것이고, 1만원이라면 10만장만 찍으면 될 것이다. 이를 '액면가격', '액면가액'이라고 한다. 회사가 처음 설립된 날의 주식 가격이 액면가이다.

액면가는 주당 100원, 200원, 500원, 1천원, 2,500원, 5천원 등 6종으로 나뉘는데 액면가는 회사가 정하기 나름이기 때문에 액면가와 기업 가치는 아무런 관계가 없다. 액면가에 따라 달라지는 것은 주식 수다. 즉 발행주식총수를 얼마로 할 것인가의 문제다. 액면가와 발행주식총수를 곱하면 자본금이 되는데, 자본금은 그대로 둔 상태에서 액면가를 낮추면 발행주식총수가 늘어나고 액면가가 높이지면 발행주식총수가 줄어들게 되는 원리다.

그런데 회사가 계속 성장하면서 기업 가치는 커지게 된다. 비상장회사든 상장회사든 기업 가치가 커감에 따라 시장에서 거래되는 주식 가격은 달라진다. 상장회사라면 HTS상에서 쉽게 볼 수 있는 주당 가격이 시장에서 거래되는 가격이다. 액면가와 주가는 기업 가치가 커질수록 차이가 벌어질 수밖에 없다. 주가는 기업 가치에 따라 계속해서 변동하는데 액면가는 주주총회를 열어 주당 액면가를 변경하지 않는 한 회사 설립 때 정한 가격 그대로를 유지하기 때문이다.

물론 거꾸로 회사가 설립 당시보다 가치가 떨어져 주가가 액면가보다 낮아지는 경우도 생긴다. 코스피 상장사의 경우 주가가 액면가의 20% 미만으로 떨어지면 관리종목, 상장폐지 대상이 될 수 있다.

액면분할하면 주당 가격이 낮아지고, 액면병합하면 높아져

기업이 성장하면 주가도 계속 오르게 된다. 발행주식총수는 회사 설립 이후 변함이 없는데 주가는 너무 높아져 주식을 사거나 파는 데 어려움이 생길 수 있다. 이럴 경우 거래량이 줄어들고 유동성이 떨어진다. 바로 삼성전자가 그랬다.

2011년말 처음으로 삼성전자 주가가 주당 100만원을 넘어서더니 2017년 11월에는 장중 287만원대까지 상승했다. 삼성전자 한 주 가격이 웬만한 명품백 가격이었던 것이다. 그러자 삼성전자는 2018년초 액면분할을 결정했다.

액면분할은 자본금 변동 없이 1주를 여러 주로 쪼개는 것을 말한다. 삼성전자는 주당 액면가액을 5천원에서 100원으로 낮춰 1주를 50주로 쪼갰다. 발행주식총수가 1억 2,838만 6,494주에서 64억 1,932만 4,700주로 급증했다. 200만원 중반대였던 주가 역시 5만원으로 낮아졌다. 200만원 중반대 삼성전자 1주를 갖고 있었던 투자자는 5만원짜리 50주를 갖게 되니 투자자가 보유한 삼성전자 가치는 액면분할 전과 별다른 차이가 없게 된다.

삼성전자가 액면분할만 안 했어도 주가가 300만원을 넘었을 것이란 추정이 나온다. 이는 LG생활건강의 140만원보다 더 높은 주가다. LG생활건강은 2001년 LG화학에서 분할되어 재상장된 이후 한 번도 액면분할 등을 실시한 바 없다.

그러니 삼성전자와 LG생활건강의 주가를 단순 비교할 수는 없다. 삼성전자와 LG생활건강은 2020년 3월말 자본금(우선주 합산)이 각각 8,975억 1,400만원, 885억 8,900만원으로 삼성전자가 LG생활건강보다 10배 이상 많다. 액면가는 각각 100원, 5천원이고 발행주식총수(보통주 기준)도 각각 59억 6,978만 2,550주, 1,561만 8,197주로 비교 불가하다. 다만 삼성전자는 주가가 회사 설립 당시 100원(액면가)에서 5만원으로 500배 높아졌고, LG생활건강은 5천원(액면가)에서 140만원으로 280배 성장했다고 볼 수 있다.

반대로 액면병합도 있을 수 있다. 주식 여러 개를 합쳐 1주로 만드는 것이다. 주가가 낮아 주식을 사고파는 것이 너무 자유롭다 보니 주가 변동성이 커지거나 주가가 너무 싸보이는 것을 막기 위해 실시하는 것이다. 키이스트는 2020년 4월 5주를 1주로 합쳤다. 이를 위해 액면가를 주당 100원에서 500원으로 높였다. 발행주식총수는 8,535만 6,831주에서 1,707만 1,366주로 줄어들었다. 키이스트 주가는 2천원대에서 1만원대로 올라섰다.

그런데 만약 3주를 갖고 있었던 투자자라면 주식이 0.6주로 줄어들게 된다. 주식을 거래할 수 있는 최소 단위는 1주인데 이보다 적어지게 되는 것이다. 이런 '단수주(1주 미만의 주식)'가 될 경우엔 액면병합 후 주식을 재상장하는 첫 날 종가를 기준으로 보유하게 된 주식 수만큼 현금으로 돌려받게 된다.

종합하면 액면분할, 액면병합은 자본금은 변함이 없는 상태에서 발행주식총수를 늘리느냐, 줄이냐의 문제일 뿐이다. 이에 따라 주당 가격도 낮아지거나 높아지지만, 이는 기업가치엔 아무런 영향을 미치지 않는다.

액면분할은 주가 상승과 관련 적어

그렇다고 해도 과거엔 액면분할을 하면 투자자가 낮은 가격에 주식을 살 수 있어 해당 주식에 대한 수요가 늘어나고 거래가 활발해져 주가가 오를 것이란 기대가 있었다. 물론 시간이 지나면서 '액면분할은 아무런 영향이 없구나'라는 것을 깨닫게 되었지만 말이다.

그러나 이런 기대감조차 사라지게 된 계기 역시 삼성전자의 액면분할이었다. 삼성전자 액면분할과 반도체 업황 악화가 겹치면서 2018년 5월 액면분할 후 5만원 안팎에서 거래되던 주가가 계속해서 떨어져 그 해 12월말 3만원 후반선까지 하락했다. 그대신 삼성전자는 액면분할 후 주주가 10배 가까이 급증했다. 주당 가격이 떨어지고 발행주식총수가 급증하고 동학삼전운동 바람이 불면서 삼성전자 주주는 액면분할 전인 2017년말 14만 4,374명에서 2020년 3월말 136만 5,073명으로 늘어났다. 삼성전자는 액면분할로 누구나 쉽게 접근할 수 있는 주식이 된 것이다.

다만 이것이 주가 상승을 보장하진 않는다. 액면분할 후 3년이 지난 2020년 8월에도 삼성전자는 5만원대에서 벗어나지 못하고 있다.

140만원짜리 LG생활건강이
17만원짜리 아모레퍼시픽보다 싼 이유

종목의 가치를 가늠해 볼 수 있는 몇 가지 지표들이 있어.
ROE, EPS, PER, PBR가 대표적이지. 그런데 이 지표들은 어떻게 계산하고,
또 각각의 숫자가 얼마나 커야 좋은 걸까?

2009년말, 한 주당 29만원이었던 LG생활건강은 주가가 매년 평균 20% 가까이 오르면서 현재 주가가 한 주당 140만원대에 이르게 됐다. 그런데도 애널리스트들은 LG생활건강이 비싸다고 하지 않는다. 반면에 아모레퍼시픽의 주가는 6년 전 수준과 비슷한 데다, 한 주당 17만원밖에 하지 않는데도 툭 하면 비싸단 얘기가 나온다.

이러한 반응의 차이는 왜 나타나는 걸까? 가상의 A회사 및 같은 화장품 업종인 LG생활건강·아모레퍼시픽의 사례(2020년 6월 기준)로 주식 가치를 가늠해보자.

돈 잘 버는 종목? ROE와 EPS가 알려준다

좋은 종목의 첫 번째 조건은 돈을 잘 벌 수 있어야 한다는 것
이다. 이를 판단하는 지표가 ROE(자기자본이익률)다. ROE는 기
업이 자기 돈을 투입해 얼마나 이익을 내는지를 보여준다. A회사
는 100억원의 자본으로 10억원의 수익을 냈으니 ROE가 10%다.
'2019년말 실적 기준' LG생활건강의 ROE는 20%이고, 아모레
퍼시픽의 ROE는 5%다. LG생활건강이 100억원을 투자해 20억
원을 벌 때, 아모레퍼시픽은 5억원을 벌었다는 얘기다.

돈을 잘 버는지 알 수 있는 또 다른 지표는 EPS(주당순이익)다.
1주당 한 해 얼마만큼 벌었는가를 보여주는 지표다. 올해 10억원
을 번 A회사의 주식이 시장에 10만주 풀려 있으니(자사주·우선주
포함), EPS는 1만원이다. LG생활건강의 EPS는 4만 3,916원이고,
아모레퍼시픽은 3,460원이다. LG생활건강이 1주당 훨씬 많은 돈
을 벌어들였단 얘기다. ROE와 EPS는 높을수록 좋다.

그래서 이 주식은 객관적으로 싼가? PER과 PBR

두 번째 조건은 저렴해야 한다는 것이다. 돈도 잘 버는데 싼 종목이면 더할 나위 없지 않겠는가? 이때 싼지 비싼지 알아볼 수 있는 지표가 PER(주가수익비율)과 PBR(주가순자산비율)이다.

먼저 PER은 한 주당 창출하는 수익(EPS) 대비 주가가 몇 배나 부풀려져 있는지를 보여준다. EPS가 1만원인 A회사의 주가가 현재 20만원에 거래되고 있다면 PER은 20배다. PER이 높으면 높을수록 지금 버는 돈에 비해 비싼 주가에 거래되고 있단 얘기가 된다. 다만 PER이 높다고 해서 무조건 나쁜 건 아니다. 지금은 몰라도 몇 년 후엔 잘 벌 수 있을 것이라 예상되면 주가가 오르고 덩달아 PER이 높아지는 까닭이다.

가격에 대한 또 다른 기준은 PBR이다. PBR은 기업 자체의 가치(순자산가치)가 시장에서 얼마 수준으로 평가받고 있는지를 보여준다. 이때 시장의 평가는 시가총액이며, 이를 순자산으로 나눈다. 현재 A회사의 자본이 100억원이고, 시가총액이 200억원이니 PBR은 2배(200억원/100억원)가 된다. PBR이 높을수록 회사가 갖고 있는 가치에 비해 고평가받고 있다고 볼 수 있고, 1배보다 낮으면 극심한 저평가라 볼 수 있다. PBR이 1배 미만이라는 것은 지금 당장 회사의 문을 닫고 가진 자산을 몽땅 팔아치워도 시가총액보다는 돈이 더 많단 얘기이니 말이다.

비슷한 종목끼리 비교하면 내 종목의 가치를 알 수 있다

ROE와 EPS, PER과 PBR은 같은 업종 내에서 수준을 비교하는 게 적절하다. 예컨대 바이오주의 경우는 미래에 신약이 대박이 터질 수도 있다는 것을 미리 반영해서 주가가 높게 평가되는 경우가 많다. 그래서 바이오 업종의 평균 PER은 80배 전후 수준이다. 반면 음식료 업종의 경우는 당장 얼마나 팔리느냐가 중요하기 때문에 크게 고평가 되는 일이 없어 PER이 평균 10배 전후에서 머문다.

따라서 어느 종목의 PER이 90배인데, 어느 종목은 10배 언저리라고 해서 무조건 비싸다거나 싸다고 재단할 수 없다. 이렇게

■ **자본·주가·이익의 관계도**

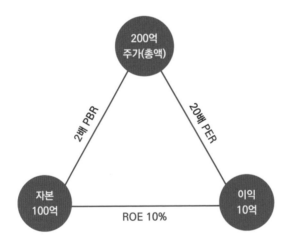

업종별로 비교해봤을 때도 주가가 비싸다고 판단되면 주식시장에선 '밸류에이션이 높다'고 표현한다.

현재(2020년 8월 7일 기준) LG생활건강의 PER은 32배, 아모레퍼시픽은 48배나 된다. 지금 버는 돈에 비해 아모레퍼시픽이 훨씬 비싼 값에 거래되고 있는 셈이다. 한편 PBR은 LG생활건강이 6배, 아모레퍼시픽은 2.5배다. 회사가 갖고 있는 자산에 비해 LG생활건강이 보다 고평가를 받고 있단 의미다.

ROE나 EPS를 보면 LG생활건강이 돈을 더 잘 버는데, PER을 보면 아모레퍼시픽보다도 훨씬 싸게 거래되고 있음을 알 수 있다. PBR만 보면 회사의 가치 자체는 LG생활건강이 고평가를 받고 있긴 하지만, 전반적인 지표를 보면 LG생활건강이 그리 높은 평가를 받지 않고 있다. 그러니 LG생활건강이 매년 주가가 큰 폭으로 올라서 한 주당 140만원씩이 되어도 결코 비싸지 않단 얘기가 나오는 것이다.

호재에도
여러 종류가 있다

주식에게도 기초체력이 있고 기분이 있어.
또 예기치 못한 이벤트에 깜짝 놀라 주가가 오르는 경우도 있지.
주가를 만드는 펀더멘털과 센티멘털, 모멘텀의 비밀을 알려줄게.

'오늘따라 유난히 힘이 나네'. 한 번쯤은 이런 기분을 느껴봤을 때가 있을 것이다. 어제보다 일할 때도 창의적인 아이디어가 더 잘 나오고, 운동을 해도 몸이 왠지 더 가벼운 느낌. 그건 기초체력이 늘어서일 수도 있지만, 좋은 일이 생겨서 기분이 좋기 때문일 수도 있다.

주가가 힘을 받는 이유 역시 마찬가지다. 전문가들이 영어로 어렵게 칭할 뿐이다. 그렇다면 주식시장에서의 체력과 기분은 어떤 식으로 표현될까?

기초체력이 좋아졌다, '펀더멘털'

주식시장에서 체력은 곧 '실적'이다. 기업이 돈을 잘 벌어야 기업가치가 올라가고, 이는 곧 시장에서 높은 평가를 받는 것, 즉 주가 상승으로 이어지기 때문이다. 돈을 잘 벌면 주주들에게 돌려줄 돈(배당금)도 늘어나기에 긍정적이다.

기업뿐 아니라 그 기업이 속한 나라 전체가 돈을 잘 버는 것도 주식시장의 체력에 영향을 미친다. 한국의 경제 자체가 튼튼하면 이 체제에 속한 한국 기업들의 미래도 긍정적일 것이란 판단이 가능하기 때문이다. 외국인들의 경우 어떤 국가에 투자할 것인지를 결정할 때 그 국가 경제의 기초체력이 얼마나 좋은가를 따져보곤 한다.

이렇듯 개별 기업의 실적, 또는 특정 국가의 경제가 좋아졌다는 것을 주식시장에선 보통 '펀더멘털(Fundamental)'이 좋아졌다고 설명한다. 단어 그대로 기초체력이 좋아졌단 얘기다. 기초체력이 좋아질 경우 주가는 한동안 힘을 받고 올라갈 수 있다. 실적이야말로 주가의 추진력인 셈이다.

기분이 좋아졌다, '센티멘털'

내 체력은 그대로인데 오늘따라 기분이 좋아서 힘이 나는 날도 있다. 기업으로 따지면 종목 자체의 실적은 그대로인데 업종

내 호재가 생겼을 때를 말한다. 식구가 잘되면 덩달아 주가가 힘을 받게 되는 상황인 셈이다. 이러한 현상을 '센티멘털(Sentimental)'이라고 한다.

예컨대 미국 반도체 기업의 실적이 잘 나왔을 경우 한국 반도체 기업의 실적도 잘 나올 것이란 추론이 가능하다. 그래서 전날 밤 미국 반도체 종목의 주가가 올랐을 경우, 다음날 오전 한국 반도체 종목의 주가도 동반 상승하는 경우가 많다. 이런 경우엔 '업종 내 센티멘털이 개선되었다'고 표현한다.

한편 주가를 짓눌렀던 악재가 해소되었을 경우에도 주가가 오를 것이란 기대감에 기분이 좋아질 수 있다. 미국과 중국의 무역 분쟁이 1단계 합의를 본 후 주가가 반등했을 때가 대표적 예다. 이는 시장 전체의 분위기가 좋아진 것이기에 '코스피 시장의 센티멘털이 개선되었다'고 바꿔 말할 수 있다. 다만 센티멘털은 어디까지나 '기분'의 문제이므로 기초체력이 수반되지 않는 한 다시 주가가 반락할 가능성도 적지 않다는 점을 염두에 둬야 한다.

깜짝 놀랄 만한 이벤트가 있다면, '모멘텀'

아직 실현되진 않았어도 머지않아 현실화될 것 같은 긍정적인 이벤트가 있을 수 있다. 바이오 종목에서 진행 중인 임상이 긍정적인 결과를 낼 것 같다거나 게임 종목에서 출시를 앞두고 있는 신작이 있을 때가 그 예다. 혹은 콘텐츠 업종의 경우엔 신작 드라마나 영화가 곧 나온다든지, 제조업의 경우 공장을 새로 세울 계획이 있다든지 하는 등의 호재가 이에 속한다. 정부가 어떤 정책을 내서 특정 종목이 수혜를 볼 것 같다는 식의 호재도 여기에 해당한다. 이렇듯 종목에 벌어질 향후 이벤트를 보고 투자하는 것을 '모멘텀(Momentum) 투자'라고 말한다.

모멘텀은 종목 단위에서 뿐 아니라 보다 넓은 시장 단위에서도 발생할 수 있다. 지수 종목 변경이 대표적 예다. 코스피200지수 등 여러 지수들은 일 년에 2번 정도 지수 내 종목을 교체한다. 시가총액이 낮아지거나 횡령 등 문제가 생긴 종목은 지수에서 빼고, 실적이 더 잘 나오거나 시가총액이 증가한 종목을 대신 지수에 넣는 것이다.

지수에 새로 들어가게 된 종목의 경우, 그 지수 내 종목을 똑같이 따라 사는 상장지수펀드(ETF)에서 새롭게 매수세가 들어오기 때문에 매수세가 증가한다. 그래서 지수 변경을 앞두고 지수에 새로 편입될 종목을 사고 반대로 제외될 종목은 파는데, 이러한 투자도 모멘텀 투자의 일환이다.

다만 모멘텀 투자의 경우 이벤트가 종료되면 주가가 하락할 가능성이 크다는 점을 감안해야 한다. 이벤트가 일어날 것을 미리 예측해 주가를 끌어올리는 것이고, 이벤트가 끝나면 재료가 소멸되는 것과 마찬가지이기 때문이다. 신작 드라마가 방영되기 전까지 주가가 오르다가, 드라마 첫 방송날 시청률이 생각보다 잘 안나오면 주가가 폭락하는 것도 이와 비슷한 맥락으로 볼 수 있다.

외국인이 사면
호재인가요?

외국인이 사서 주가가 오르는 건 왜일까?
그들은 우리가 모르는 대단한 정보라도 알고 있는 걸까?
아니! 사실은 덩치가 크고 꾸준히 사서 오를 뿐이야.

'이번에도 외국인이 이겼다. 외국인 매수 종목 80% 상승'

주식시장 관련 기사를 보다 보면 자주 접하게 되는 유형의 기사 중 하나다. 외국인이 투자에 성공하는 경우가 많다 보니 여러 투자자들이 외국인이 사는 종목을 따라 사기도 한다. 대체 외국인들은 어떻게 투자하길래 승률이 이렇게 높은 걸까?

한 번 들어오면 꾸준히 사는 외국인

주식시장에서 '외국인'이란 외국계 투자은행이나 펀드, 연기금, 헤지펀드 등을 통칭한다. 모두 같은 성격을 갖고 있다고는 볼 수 없지만 비슷한 추세를 보이기 때문에 투자자들이 많이 참고하는 지표 중 하나가 외국인들의 매매 패턴이다.

외국인들의 대표적인 특징은 한 번 사기 시작하면 꾸준히 산다는 점이다. 예컨대 국내 주식시장에서 높은 비중을 차지하는 투자 주체는 영미계 '뮤추얼 펀드'인데, 이들은 대표적인 장기투자자로 꼽힌다. 참고로 일반 펀드가 이미 설립된 자산운용사가 만들어서 운용하는 것이라면, 뮤추얼 펀드는 고객으로부터 모은 돈으로 펀드 회사를 차리는 것을 말한다. 단, 장부상으로만 존재하는 회사라는 점은 일반 펀드와 크게 다르지 않다.

뮤추얼 펀드는 은퇴 자금을 마련하기 위한 고령투자자의 비중이 절대적이다. 한국인의 자산 대부분이 부동산에 묶여있는 것과는 달리, 외국인의 경우 금융자산을 통해 은퇴자금을 만든다. 이들은 돈을 하루에도 몇 번씩 넣었다 뺐다 하는 공격적 투자가 아니라, 우량주를 쌀 때 사 놓고 느긋하게 기다리며 안정적이고 꾸준한 투자방식을 추구한다.

두 번째 특징은 덩치가 크다는 점이다. 외국인의 한국 주식 보유액은 전체 시가총액의 30%를 넘어서는 규모다. 그리고 이들은 개인투자자처럼 한 번에 몇 백만원씩 사고파는 게 아니라 억 단위로 움직인다. 주식시장의 수급 주체는 외국인·기관·개인으로 총 셋인데, 이 중 덩치가 큰 외국인이 한 번 들어오기 시작하면 주가를 올리면서 살 수밖에 없는 것이다. 안 그래도 덩치 큰 놈이 들어오는데 심지어 주식을 꾸준히 사들인다면 주가가 오를 수밖에 없단 얘기다. 특히 외국인들은 코스피200지수 내 종목들을 통째로 사들이는 경우가 많기 때문에 대형주 중심의 강세장이 나타날 가능성이 높다.

다만 이런 특징 때문에 외국인 투자자들은 한 번 팔 때도 꾸준히 판다. 주식을 한번에 내던지면 주가가 내려갈 수밖에 없으므로 손해를 보고 팔아야 하기 때문이다. 그래서 팔아야겠다고 생각하면 주식을 조금씩 오래 판다. 이렇듯 외국인 투자자는 일종의 '추세'를 갖고 움직인다.

외국인은 우리가 모르는 정보를 갖고 있다?

많은 개인투자자들이 궁금해하는 것 중에 하나가 외국인들은 남들이 보지 못하는 대단한 정보를 갖고 있느냐는 것이다. 물론 그럴 가능성이 전혀 없다고 얘기할 순 없겠지만, 대부분의 경우는 그렇지 않을 것이란 게 시장 관계자들의 시각이다.

물론 외국인들은 정보를 빠르게 얻을 순 있다. 그러나 이 정보라는 건 사내 정보라기보단 유료 정보를 뜻한다. 예컨대 블룸버그사가 제공하는 정보 단말기는 각국의 각종 경제지표 등을 시시각각 업데이트해 주는데 1년 이용 가격만 수천만원에 달한다. 또 애널리스트 리포트를 보려면 비싼 가격에 구독해야 하는데, 이 모든 정보를 회사 돈으로 폭넓게 접할 수 있는 우위를 가지고 있을 뿐이다.

기관투자자도
다 같은 기관이 아닙니다

기관투자자의 매매패턴도 투자에 큰 참고가 돼.
그런데 기관도 다 같은 기관이 아니니까 주의해야 한다고.
시장의 추세를 보려면 연기금의 거래를 참고하는 게 도움이 돼.

외국인 투자자의 높은 승률과 함께 자주 전해지는 게 기관투자자의 승률이다. 기관투자자도 꽤 높은 확률로 수익률을 올리기 때문이다.

그런데 HTS 등을 보면 기관투자자 안에 연기금, 금융투자, 보험, 투신, 은행, 기타법인, 기타금융, 사모펀드 등 다양한 주체가 있는 걸 알 수 있다. 이들을 모두 참고하면 개인투자자인 나도 기관투자자처럼 주식 고수가 될 수 있는 걸까? 어떤 게 제일 도움이 되는 걸까?

추세를 보려면 연기금을 봐라

연기금은 연금·기금을 뜻한다. 국민연금, 공무원연금기금, 우체국보험기금, 사학연금기금 등이 이에 속한다. 이들은 국민의 노후소득을 보장하거나 특정 공공사업 자금을 마련하기 위해 조성된 자금인 만큼 보수적이고 안정적인 투자를 한다. 단기투자가 아닌 장기투자를 추구하며, 우량주를 주로 사들인다. 미국과 중국 간 무역분쟁 등으로 인해 주식시장이 패닉에 빠져 우량주가 싸지면 연기금은 어김없이 저점매수에 나서곤 한다.

시장 관계자들은 이 중에서도 특히 국민연금의 행보에 관심을 가진다. 우리나라 국민연금의 자산규모는 전 세계 연금기금 중에서 일본의 공적연금펀드(GPIF), 노르웨이의 국부펀드(GPF)에 이어 세 번째로 크다. 이렇게 덩치 큰 국민연금이 종목을 사들이기 시작하면 수급상 호재로 받아들일 수 있는 가능성이 높아진다. 그래서 때가 되면 올라오는 국민연금의 지분 관련 공시를 사람들은 주의 깊게 살펴보는 것이다.

또 주식시장이 패닉일 때 연기금은 소방수를 자처하기도 한다. 외국인과 개인이 모두 주식을 팔고 떠날 때 대형주 중심으로 사들이면서 지수가 지나치게 하락하지 않게 관리해주기 때문이다.

투신·보험사·은행도 장기투자 자금으로 봐야

투신(투자신탁)이나 은행·보험 역시 비교적 장기투자 성향이 짙다. 자산운용사처럼 투신은 고객의 돈을 위탁받아 기관이 운용하는 경우를 뜻한다. 가입한 펀드를 굴릴 때 나오는 주체가 바로 이 투신이다.

은행과 보험사는 우리가 흔히 알고 있는 시중은행과 보험사를 뜻한다. 은행에서도 개인투자자의 신탁을 대신 관리하기도 하고, 마찬가지로 보험회사 역시 열심히 돈을 굴린다. 고객이 낸 보험료의 일부는 회사에 쌓아두고, 나머지 돈으론 부동산투자나 주식투자를 해서 수익을 내는 것이다. 특히 보험사의 경우는 과거 고금리를 보장해주는 보험을 판매한 것이 많을수록 주식투자 등을 통해 높은 수익을 내야 역마진 우려를 덜 수 있다.

이들은 업종 특성상 보수적인 투자를 선호하는 경향이 짙고, 비교적 장기투자를 지향하기도 한다. 다만 투신이나 은행의 경우 고객이 펀드나 신탁을 해지하면 팔아야 하는 수요가 생기므로 주의가 필요하다. 하지만 이들은 증시에서 차지하는 비중이 매우 작기 때문에 이들의 거래패턴을 유심히 지켜보는 투자자는 그리 많지 않다.

쉼 없이 샀다 파는 금융투자·사모펀드

금융투자는 주로 증권사로 다른 투자자들의 거래를 중개하거나 자신의 돈(자기자본)을 이용해 투자하는 사람들을 말한다.

금융투자는 대개 투자 시야가 짧다는 특징이 있다. 돈을 맡긴 사람들이 시시각각 수익률을 평가하기 때문에 긴 호흡으로 투자하는 게 어려운 탓이다. 긴 호흡으로 투자하려면 단기적으론 손실도 감내해야 하는데 금융투자는 그러기가 어렵다.

또한 금융투자의 경우 단기적으로 수익을 내기 위해 현물과 선물의 가격 차이를 이용한 무위험 차익거래를 하기도 한다. 이런 차익거래는 어떠한 추세를 갖고 있다고 보기 어려울 때가 많으며, 일별로 매매 동향이 급변할 때도 많다. 따라서 이들의 수급은 단기적인 시각에서 바라봐야 한다.

비슷한 성격을 갖는 것은 사모펀드다. 사모펀드는 비공개로 제한된 투자자를 대상으로 모집된 펀드를 굴리는 주체를 일컫는다. 비공개다 보니 더욱 공격적으로 투자하는 성격을 지니고, '롱숏(A종목을 사는 한편 B종목을 공매도하는 식)' 등 다양한 전략을 구사하기 때문에 수급에 일관성이 있다고 보기 어렵다.

이 밖에 기타법인은 주식을 운용하는 일반 회사를, 기타금융은 주식을 굴리는 저축은행 등을 말한다.

프로그램 매매라고
많이들 얘기하는데 그게 뭐죠?

돈이 많고 바쁜 기관과 외국인들은 컴퓨터 프로그램으로 살 종목들을
미리 바구니에 담아놓고 때가 되면 자동으로 사고판다네.
프로그램 매매가 우리에게 주는 투자 힌트도 있어!

주식시장에선 외국인, 기관, 개인투자자처럼 기계도 주식을 사고판다. 이를 '프로그램 매매'라고 한다. 프로그램 매매는 투자자가 시장 상황에 따라 어떤 종목을 얼마나 매매할 것인지를 사전에 프로그램화하고, 해당 조건이 맞을 경우 컴퓨터가 자동 매매하도록 한 거래 기법이다.

국내외 기관투자가들이 한꺼번에 여러 주식을 매매할 때 사용하는 방식이기 때문에 사실상 외국인, 기관의 또 다른 이름이라고 봐도 무방하다. 프로그램 매매가 시장에 미치는 영향이 적지 않기 때문에 현명한 투자자라면 프로그램 매매 방향을 예측해 투자할 필요가 있다.

프로그램 매매는 왜 하는 것일까?

기관투자가들은 한꺼번에 수십 개 종목을 사고팔아야 할 일이 많다. 이미 갖고 있는 종목도 많거니와 원하는 가격에 한꺼번에 사고 싶은 종목도 많을 것이다. 프로그램 매매를 이용하면 사람이 일일이 매매 버튼을 클릭하지 않고 동시에 주식을 사거나 팔 수 있어 편리하다.

코스피 시장에선 15개 종목 이상, 코스닥 시장에선 10개 종목 이상을 한꺼번에 동시에 사고파는 프로그램 매매가 있는데, 이를 '비차익 거래'라고 한다. 원하는 수십 개의 종목을 '주식 꾸러미', 즉 바스켓(Basket)에 담아 거기에 들어 있는 종목을 매매한다.

그런데 왜 '비차익 거래'라고 할까? 그것은 차익 거래가 아니기 때문이다. 사실 프로그램 매매의 꽃은 차익 거래다. 차익 거래 역시 비차익 거래처럼 수십 개의 종목을 바스켓으로 만들어 매매한다. 그러나 목적은 다르다. 비차익 거래는 해당 주식들이 좋거나 나빠보여서 사거나 파는 것인데, 차익 거래는 해당 주식들을 샀으면 반드시 이와 연계된 선물을 파는 거래를 동반한다.

프로그램 매매의 꽃인 '차익 거래'

프로그램 매매에서 차익 거래는 현물과 선물을 동시에 매매하는 것을 말한다. 코스피200지수, 코스닥150지수가 현물이라면 코스피200선물, 코스닥150선물은 선물이다. 차익 거래는 같은 물건을 싼 값에 사서 비싸게 팔고 그 차이를 이익으로 남기는 것을 말한다. 같은 물건이라도 장소, 시간에 따라 가격이 달라진다. 선물 가격은 현물의 미래 가격이므로 시간차에 따라 발생하는 차익을 얻는 거래다.

현물과 선물을 비교해 더 싼 것을 사고 비싼 것을 파는 거래를 하게 된다. 현물과 선물의 가격차를 베이시스(Basis)라고 하는데 베이시스가 플러스(+)이면 선물이 현물보다 비싼 콘탱고 상태인 것이고, 마이너스(-)라면 선물이 현물보다 싼 백워데이션 상태를 의미한다. 현물이 더 싸면 현물을 사고 선물을 파는 '매수 차익 거래'가 일어나고, 현물이 더 비싸면 현물을 팔고 선물을 사는 '매도 차익 거래'가 나타난다.

코스피200이니까 200개 종목을 한꺼번에 사들여야 할까? 그렇지 않다. 삼성전자만 해도 코스피200에서 차지하는 비중이 30%를 넘는다. 삼성전자와 시가총액 상위 종목 중 일부를 골라 바스켓에 담고, 이 종목들을 프로그램 매매를 통해 매수하면 된다. 보통 15~30개 종목을 꾸러미로 만든다.

이후 선물 만기가 돌아오면 반대 거래가 이뤄진다. 매수 차익 거래였다면 현물을 다시 팔고, 선물을 사는 거래가 이뤄지고 매도 차익 거래였다면 현물을 사고 선물을 파는 거래가 이뤄진다. 샀던 것은 팔고, 팔았던 것은 사면서 그 차익만 얻는 것이다. 이를 포지션 청산이라고 한다. 선물을 파는 거래는 '숏 포지션(short position)'이라고 하고, 만기 때는 반대 거래가 일어나면서 숏 포지션이 청산되었다고 말한다. 선물을 사는 거래를 '롱 포지션(long position)'이라고 하고 만기 때는 롱 포지션 청산 거래가 일어났다고 한다.

차익 거래로 어떻게 돈을 벌까?

한 달, 두 달 뒤에 가격이 오를지 떨어질지는 모르지만 하나는 사는 거래를 했고, 또 다른 하나는 파는 거래를 했다. 선물 또는 현물 둘 중의 하나는 반드시 손실이 나고, 또 다른 하나는 반드시 이익이 난다.

도대체 이런 거래는 왜 할까? 기관투자가들은 대규모 자금을 운용하고 손실을 최대한 피하려고 한다. 이를 '헷지(Hedge)'라고 한다. 다른 자산에 투자함으로써 손해 볼 위험을 방어하는 투자법이다.

그렇다면 차익 거래를 통해 돈을 벌 수 있을까? 오늘이 8월말이고 코스피200 현물 시세가 200포인트인데 9월 둘째 주 목요일이 만기인 9월물 코스피200 선물 시세가 205포인트라고 하자. 가격이 비싼 선물 2계약을 매도하기로 했다고 가정할 때 선물 매도 금액은 선물 가격(205포인트), 선물 1계약당 매매단가인 25만원과 2계약을 곱해 계산한다. 1억 250만원이다. 동시에 현물을 매수한다. 200포인트, 2계약, 25만원을 곱한 1억원 어치의 현물을 바스켓으로 사들이는 것이다. 9월 만기일에 코스피200 종가는 195포인트가 되었다. 그렇게 되면 현물 투자에서는 250만원을 잃게 되었으나 선물 투자에선 500만원의 이득을 봐 전체적으로 250만원의 차익을 얻게 된다.

매도 차익 거래로도 돈을 벌 수 있다. 코스피200 현물 시세는 200포인트인데 9월에 만기되는 선물은 195포인트라고 가정하자. 이번엔 선물 2계약을 9,750만원 매수하고, 현물을 1억원가량 팔았다. 9월 만기일엔 코스피200 종가가 202포인트가 되었다. 그렇게 되면 현물에선 100만원이 손해이지만 선물에선 350만원이 이득이다.

프로그램 매매에서 투자자가 봐야 할 것은?

프로그램 매매는 코스피200, 코스닥150 내 대형주를 상대로 매매가 이뤄지기 때문에 주가에 미치는 영향이 크다. 만약 베이시스가 마이너스 상태라면 이론적으로 현물을 매도하는 '매도 차익 거래'가 일어나고, 반대의 상황이라면 현물 매수 거래가 일어난다는 점을 염두에 둘 필요가 있다. 전자의 경우엔 대형주가 하락할 가능성이 높고, 후자의 경우엔 상승할 가능성이 높다.

이런 거래는 만기가 되면 반대 거래가 이뤄진다. 매수차익 잔고가 많다면 만기일이 가까워졌을 때 대형주를 중심으로 매도세가 일어날 수 있고, 반대로 매도차익 잔고가 많다면 매수세가 일어날 수 있다. 그렇다면 매수차익 잔고가 많은지, 매도차익 잔고가 많은지는 어떻게 파악할 수 있을까. 2015년 통계의 부정확성 때문에 프로그램 매매 차익 잔고 공시제도가 폐지되었다. 현재로선 시장의 방향성을 쉽게 예측하기 어렵다는 게 통설이다. 증권가에선 투자자별로 누적된 선물 계약이나 평소의 매매패턴을 분석해 예측하는데, 정확히 맞추기는 어렵다.

■ 매수 차익 거래 vs. 매도 차익 거래

＊매수 차익 거래(현물을 사고 선물을 파는 거래)
(8월말)　　　코스피 200현물 200포인트 　　　　　　코스피 200선물(9월물) 205포인트 (9월 만기일)　코스피 200현물 종가 195포인트
1. 현물 매수액 2억원 200포인트 X 25만원(선물 1계약당 매매단가) X 2계약 = 1억원
2. 선물 매도액 205포인트 X 25만원 X 2계약 = 1억 250만원
9월 만기 도래시 반대거래
1. 현물 매수 투자 입장에선 코스피 200이 5포인트가량 하락해 손실 (195-200포인트) X 25만원 X 2계약 = 250만원 손실
2. 선물 매도 투자 입장에선 10포인트 더 비싸게 팔아서 이익 (205-195포인트) X 25만원 X 2계약 = 500만원 이익
⇨ 1번과 2번을 합치면 총 250만원 이익

＊매도 차익 거래(현물을 팔고 선물을 사는 거래)

(8월말)	코스피 200현물 200포인트
	코스피 200선물(9월물) 195포인트
(9월 만기일)	코스피 200 종가 200포인트

1. 현물 매도액
200포인트 X 25만원 X 2 = 1억원

2. 선물 매수액
195포인트 X 25만원 X 2 = 9,750만원

9월 만기 도래시 반대거래

1. 현물 매도 투자 입장에선 코스피200현물이 오르면서 손실
(200-202포인트) X 25만원 X 2 = 100만원 손실

2. 선물 매수 투자 입장에선 2포인트 더 싸게 매수해서 이익
(202-195포인트) X 25만원 X 2 = 350만원 이익

⇨ 1번과 2번을 합치면 총 250만원 이익

분기마다 이자를 주는 주식이 있다던데 어떤 주식이죠?

주식을 한 주만 갖고 있어도 매 분기말, 혹은 반 년에 한 번,
1년에 한 번 꼬박꼬박 배당금을 주는 주식들이 있어.
단 배당을 받으려면 배당기준일까진 주식을 갖고 있어야 해.

건물주가 '갓물주'인 건 부동산 가격이 꾸준히 올라서이기도 하지만, 달마다 꼬박꼬박 월세를 받을 수 있어 현금흐름이 생기기 때문이다.

그런데 사실 이런 현금흐름은 부동산뿐만 아니라 주식에서도 만들 수 있다. 1년에 한 번씩, 많으면 분기별로 한 번씩 이자처럼 '배당금'을 주는 주식이 많기 때문이다. 이런 배당주가 최근 저금리 시대의 투자 대안으로 각광받고 있다.

한 주만 갖고 있어도 받을 수 있는 배당금

배당금은 기업이 이익을 내서 남는 이익잉여금을 주주에게 분배해주는 것을 말한다. 주주는 기업의 일부를 소유하고 있는 사람이므로 이익이 난 것을 나눠받게 된다. 주식시장에서 배당금은 한 주당 몇 원씩 배분한다. 즉 주식을 단 한 주만 갖고 있어도 배당금을 받을 수 있단 얘기다.

문제는 주주가 매일 바뀐다는 점이다. 어제는 A가 주주였다면 오늘은 A가 주식을 팔고 B가 주식을 사서 B가 주주가 되는 식이다. 회사의 이익이 무한정이 아니기에 배당금을 그 모두에게 줄 수는 없다. 그렇다고 해서 A에게 줘야 할지, B에게 줘야 할지⋯. 회사는 난감한 상황에 처한다.

그래서 '배당기준일'이라는 걸 만들었다. 그 기준일 당일에만 주식을 갖고 있으면 배당금을 주겠다는 것이다. 배당기준일은 매년 주식시장의 마지막 거래일이다. 다만 주식 매매는 주문하고 이틀 뒤에나 체결되므로, 2거래일 전에 주식을 사둬야 마지막 거래일에 주식을 보유한 상태가 되니 주의해야 한다. 따라서 만약 주식시장의 마지막 거래일이 12월 30일(금요일)이라면, 2거래일 전인 12월 28일(수요일) 장 종료 전까지는 주식을 사야 배당을 받을 수 있다.

요즘엔 삼성전자처럼 분기별로 배당을 주는 종목들이 있는데, 이 경우엔 배당기준일이 매 분기 마지막 거래일이 된다. 매 분기 마지막 거래일 이틀 전엔 주식을 사야 배당을 받을 수 있다. 배당 기준일에만 주식을 갖고 있으면 당장 다음날 주식을 팔아도 배당 엔 문제가 없다.

1년에 한 번 주는 기말배당의 경우 상장사는 이듬해 2월 주당 얼마를 주겠다고 공시를 통해 발표하고, 3월 주주총회에서 승인 을 얻어 4월에 지급이 이뤄진다. 분기배당의 경우는 한 분기가 끝 난 뒤 보통 한 달 반쯤 지나서 지급된다.

> **예시** 12월 28일(수, 주식 매수 마지막일)
> 　　　　29일(목, 배당락일)
> 　　　　30일(금, 마지막 거래일)

배당받고 나면 주가가 떨어지는 이유

28일까지 주식을 사서 배당을 받는 주주명부가 확정되면, 29일부터는 주식을 사 봤자 배당을 받을 수 없다. 아무리 주식을 사도 배당을 받을 수 없게 되는 이 날을 주식시장에선 '배당락일' 이라고 부른다.

그런데 보통 이 날은 주가가 다소 떨어지기 마련이다. 쉽게 말 해 배당락일에 주식을 산다는 건 이미 수확이 끝난 논밭을 사는 것과 같다. 이미 한 해 농사를 지었던 수확물을 다 거둬가고 새로운 농사가 시작될 빈 땅만 사게 되는 셈이니 주가가 그만큼 할인될 수밖에 없는 것이다.

다만 배당금 지급이 적어 배당락이 큰 의미를 갖지 못하거나, 배당락을 뛰어 넘을 정도의 호재가 있는 종목의 경우는 주가가 하락하지 않는다. 뿐만 아니라 배당락일 주가가 하락했어도 수 일 내에는 다시 회복되는 게 정설이다.

배당투자, 왜 지금인가?

배당주에 투자하는 것이 최근 크게 주목을 받게 된 건 저금리 상황이 오래도록 지속되고 있는 탓이다. 시중 은행에 큰돈을 예치해봤자 1%도 안 되는 이자를 받을 수 있는 것에 반해, 주식시장에선 더 높은 수준의 배당수익률을 기대할 수 있기 때문이다. 심지어 주가가 오르면 그만큼의 차익도 얻을 수 있다.

실제 2020년 상반기 코스피200 상장사들의 배당수익률은 평균 2.4% 정도인데, 시중은행의 예금 금리는 1%도 안 된다. 고배당주나 리츠(Reits)에 투자하면 연 5~6%대 배당수익을 기대할 수 있으니 훨씬 이득인 셈이다. 요즘엔 1년에 2번, 혹은 분기마다 배당을 주는 상장사도 늘어나면서 배당금으로 여행을 떠나는 투자자도 그만큼 많아졌다.

그러나 모든 상장사들이 배당을 주는 것은 아니다. 배당금을 많이 주던 회사가 실적이 깎이면서 배당을 크게 줄이는 경우도 있으니 주의가 필요하다. 전통적인 고배당주로 불리던 정유주, 그중에서도 에스오일(S-OIL) 같은 경우는 정유업계 실적이 급감하면서 2019년 배당이 주당 5,900원에서 750원까지 깎이는 '배당쇼크'가 발생하기도 했었다. 에스오일은 유가 폭락에 신종 코로나바이러스까지 겹치며 현재까지도 실적을 회복하지 못하고 있고, 2020년 6월엔 2007년 이후 13년 만에 중간배당을 포기하기도 했다.

따라서 배당쇼크를 피하려면 해당 회사의 한 해 실적이 어땠는지를 살펴봐야 한다. 또 매년 꼬박꼬박 안정적으로 배당을 주는 회사인지를 확인하려면 최근 3년 동안 꾸준히 배당을 해왔는지도 확인해야 한다.

자사주 매입과 소각을 했더니
주가가 올라요

회사가 자신의 주식을 사들이면?
시중에 유통되는 주식 수가 줄어들어 내가 가진 주식의 가치가 올라간다!
자사주 매입이 주주를 기쁘게 하는 이유지.

미국 항공사 보잉은 2010년 이후 10년간 자사주 매입에만 무려 434억달러(약 52조원)를 썼다. 그런 보잉이 신종 코로나 바이러스로 인해 경영상황이 악화되어 미국 정부의 재정지원을 받는 처지에 놓이게 되자 가장 먼저 나온 지적이 바로 자사주 매입이었다. 정부의 재정지원을 받을 거면 앞으로 자사주 매입을 하지 말라는 것이다.

도대체 자사주 매입이 무엇이길래 보잉은 그렇게도 많이 했던 것일까? 사람들은 왜 이것을 비판하는 것일까?

주주에게 자사주 매입과 소각은 보약

자사주 매입이란 어떤 기업이 발행한 주식을 다시 그 기업이 되사는 것, 즉 자사의 주식을 되사는 것을 의미한다. 자사주 매입은 배당 확대와 함께 주주들이 가장 좋아하는 정책 중 하나다.

회사가 본인의 주식을 사들이는 것뿐인데 주주가 좋아하는 이유는 뭘까? 그것은 바로 자사주 매입으로 인해 일반주주들의 주식가치가 상승하기 때문이다. 예컨대 A회사의 주식 100주가 시장에 유통되고 있다고 치자. 만약 50주가 매물로 나온 상황에서 A회사가 이를 모두 사들이면 시중에 유통되는 A회사의 주식은 50주로 줄어든다. 유통주식수는 2분의 1로 줄어들면서 내가 갖고 있던 주식의 가치는 2배가 된다. 그래서 자사주를 매입하면 주가가 오르는 것이다.

자사주 매입이 주가를 올리는 또 다른 이유도 있다. 주가가 저평가되어 있다는 것을 시장에 알리기 때문이다. 시장에서 형성된 주가가 회사가 자체 평가한 주가보다 싸다면 현금을 그대로 놀리느니 자사주를 매입하는 게 회사로선 합리적 선택이다. 나중에 주가가 오른 후 되팔면 이익을 얻을 수 있기 때문이다. 실제로 회사들은 주가가 많이 떨어졌을 때 자사주를 매입하곤 한다.

자사주 매입 뒤에 으레 나오는 소식은 자사주 소각이다. 이렇게 매입한 자사주를 서류상에서 없는 주식으로 만들어버리는 것이다. 회사가 기껏 돈을 주고 사들인 자사주를 없애면 회사의 자기자본(순자산)을 줄이는 효과가 있다. 자본을 이용해 산 주식이 사라지니 자본만 사라지는 셈이다. 이렇게 순자산을 줄이면 자기자본이익률(ROE = 순이익/자기자본×100)의 분모가 되는 값이 적어지므로 ROE가 높아지는 효과가 나타난다. ROE상 적은 자기자본으로도 높은 순이익을 내는 기업이 되기에 기업가치를 더 높게 평가받을 수 있게 된다.

또 자사주를 소각해야 나중에 회사가 이 주식을 내다 팔지 않는다는 것을 보증할 수 있기 때문에 불확실성도 줄어든다. 그래서 미국에서는 자사주를 매입하면 꼭 소각하지만, 한국에선 아직 소각이 당연시되는 분위기는 아니다. 다만 회사가 별일 없는 한 자사주를 내다 팔지는 않을 것이기 때문에 자사주 매입만으로도 호재로 받아들여진다.

현금 없는 기업이 자사주 매입에 극성이면 독약

그러나 자사주 매입이 보약이려면 해당 기업이 꾸준히 돈을 잘 벌고 현금이 많이 쌓인다는 전제가 필요하다. 만약 기업이 현금은 없는데 자사주만 사들이면 필요한 투자에 돈을 쓰지도 못할 뿐더러 경영이 어려워졌을 때 돈이 부족해 빠져나갈 수가 없게 된다.

앞서 언급했던 보잉이 대표적 예다. 보잉은 글로벌 금융위기 이후 대략 10년간 잉여 현금흐름의 96%가량을 자사주 매입에 썼다. 벌어들인 돈 대부분을 주식을 사는 데 썼단 얘기다. 그랬기에 보잉이 '737맥스'의 결함, 코로나에 따른 여객 수요 감소 등에 정부의 구제금융까지 요청하는 처지가 되자 많은 이들이 비판한 것이다. 잘나갈 때 현금을 쌓아뒀더라면 이런 위기에 처하지 않았을 것이기 때문이다. 번 돈으로 주주들 배나 불리며 주가나 떠받쳤고, 어려울 때 국민들 세금에 기댔다는 것이다. 그래서 미국 정부는 코로나 이후 구제금융을 받는 기업들을 대상으로 자사주 매입을 상당기간 동안 금지시켰다.

자사주가 가져다주는 뜻밖의 효과

보통 자사주는 일반 주주의 주식을 대상으로 매입한다. 대주주 지분은 매입 대상이 아니기 때문에 자사주를 매입한 뒤 소각하면 대주주의 지분율은 높아진다. 여기에 자사주 소각은 주가 상승을 동반하는 경우가 많기에 대주주가 보유한 지분의 가치 또한 올라간다. 그래서 지분율을 높이고자 하는 오너와 대주주들이 자사주 매입과 소각을 적극적으로 이용한다.

삼성전자가 대규모의 자사주 매입과 소각을 발표했을 때 증권가에서 '이재용 삼성전자 부회장의 영향력 강화와 주주환원 정책이라는 두 마리 토끼를 잡은 것'이라고 평가한 건 이 때문이다.

또 자사주는 경영권 방어에도 도움이 된다. 원래 자사주는 해당 회사 주주총회에서 의결권을 갖지 못하지만, 자사주를 다른 사람에게 팔아넘기면 의결권을 되살릴 수 있어서다.

삼성물산과 제일모직의 합병과정이 대표적 사례다. 당시 삼성물산이 지나치게 싼값으로 제일모직과 합병하려 하자 네덜란드 연기금 자산운용사(APG) 등 삼성물산 주주들이 반발했고, 급기야 삼성물산 지분 7.12%를 갖고 있던 헤지펀드인 엘리엇 매니지먼트는 합병 결의 금지 가처분 신청까지 법원에 제출했었다.

이렇듯 합병 성사 여부가 불투명해졌을 때 구세주로 나타난 게 바로 삼성물산의 자사주였다. 삼성물산은 자사주 전량인 5.76%를 KCC에 매각했고, KCC는 주주총회에서 합병 찬성 쪽에 투표하며 삼성물산의 백기사가 되었다. KCC가 합병에 손을 들어 줌으로써 삼성물산은 찬성표 69.5%를 얻어 가까스로 합병에 성공한다. 합병 승인 마지노선이 찬성률 66.66%였으니 KCC가 백기사가 되지 않았다면 합병 역시 불발에 그쳤을 것이다.

유상증자와 감자는
호재인가요, 악재인가요?

기업은 언제 증자와 감자를 할까?
투자자들은 회사가 증자와 감자를 할 때 어떤 투자판단을 내려야 할까?
회사의 자본금과 연관된 증자와 감자를 알아보자.

증자와 감자는 회사의 자본금과 관련되어 있다. 증자는 회사의 자본금을 늘리는 것이고, 감자는 회사의 자본금을 줄이는 것이다. 회사의 자본금은 주식 수에 액면가액을 곱해 계산하는데, 액면가액은 건드리지 않고 주식 수를 늘리거나 줄여 자본금을 조절한다.

증자에는 유상증자, 무상증자가 있고 감자에도 유상감자, 무상감자가 있다. 유상증자, 유상감자는 자본금이 변하면서 자본총액, 더 나아가 자산도 변하지만 무상증자, 무상감자는 자본금만 달라질 뿐 자본총액, 자산에는 변화가 없다.

통상 유상증자, 무상감자는 주가에 부정적인 반면 무상증자, 유상감자는 주가에 긍정적이다. 다만 기업가치에 미치는 영향은 제한적이라 회사의 증자 및 감자 이슈는 주가의 단기 흐름에만 영향을 미친다.

회사가 돈이 없을 때 발행하는 유상증자

유상증자는 회사가 자금이 부족할 때 새로운 주식(이하 신주)을 발행해 주주에게 투자금을 받는 것을 말한다. 유상증자를 하게 되면 회사로 직접 돈이 들어오기 때문에 자본금이 늘어나게 된다.

유상증자를 하는 방법에는 3가지가 있다. 첫 번째는 특정인에게 신주를 발행해 특정인에게 자금을 받는 것이다. 이를 '제3자 배정'이라고 한다. 두 번째로는 기존 주주에게 신주를 주고 투자금을 받는 '주주배정' 방식이 있으며, 마지막으로 주주를 포함, 불특정 다수 투자자를 대상으로 신주를 발행하는 '일반공모' 방식이 있다.

유상증자는 주식 수를 늘리기 때문에 주당 가치가 하락하고, 이론적으론 주가에 부정적이다. 신종 코로나 바이러스에 재무구조가 약해진 CJ CGV가 2020년 5월 8일 발행주식총수의 66%의 신주를 발행해 2,500억원의 자금을 조달하겠다고 공시하자 3거래일 연속 주가가 총 16.2%가량 하락했다. 물론 예외도 있다. 회사가 투자를 확대하고 그 투자가 회사의 가치를 올릴 것이란 기대가 있다면 유상증자를 해도 주가가 오르기도 한다. 미국의 전기자동차 회사인 테슬라는 2020년 2월 13일 20억달러의 유상증자를 하겠다고 밝혔음에도 일주일간 14.1% 주가가 올랐다.

'공짜'로 주식을 주는 무상증자는 호재

무상증자는 주주들에게 공짜로 주식을 나눠주는 것이다. 유상증자처럼 신주가 발행되니 자본금은 증가하는데 공짜로 주식이 발행되니 실제로 회사에는 자금이 들어오지 않는다. 돈이 안 들어오는데 자본금은 어떻게 늘어나는 것일까?

이를 이해하기 위해선 자산의 구성을 알아야 한다. 자산은 자본총액과 부채총액으로 나뉘어지고, 자본총액(자기자본)은 주주들에게 주식을 발행하고 받은 자본금과 잉여금으로 나뉜다.

잉여금은 이익잉여금과 자본잉여금으로 구성된다. 이익잉여금은 자본금을 바탕으로 사업을 해 이익을 낸 후 주주들에게 배당을 지급하고 남은 돈을 말하고 자본잉여금은 주식을 발행하면서 얻게 된 이익, 주식발행초과금을 말한다.

주식발행초과금은 유상증자 과정에서 발생한다. 신주의 주당 발행가액이 액면금액을 초과할 경우 초과한 만큼의 금액이 주식발행초과금이 된다. 액면가액이 5천원인 주식이 주당 7천원에 발행되었다면 차익인 2천원에 신규로 발행한 주식 수를 곱한 만큼 주식발행초과금이 발생하게 되는 것이다.

무상증자를 하게 되면 이러한 잉여금이 자본금으로 이동하면서 자본금이 늘어나고 잉여금이 줄어들게 된다. 그러니 무상증자는 아무나 할 수 없고 이익잉여금, 자본잉여금이 있는 회사들만 할 수 있는 것이다.

무상증자도 유상증자처럼 주식 수를 늘리기 때문에 이론적으로 주당 가치를 떨어뜨린다. 그러나 회사가 무상증자를 하는 것은 주주환원 정책으로 이익의 일부를 주주들에게 돌려주는 것이기 때문에 투자자에겐 호재다.

돈 없는 최대주주, 유상감자 통해 투자금 회수

유상감자는 회사가 주주로부터 주식을 사들여 해당 주식을 없애는 것이다. 그러니 돈이 회사에서 주주로 흘러가고 줄어든 주식 수에 액면금액을 곱한 만큼 자본금이 줄어들게 된다.

유상감자는 언제 일어날까? 보통 최대주주가 상속세를 내야 하는 등 돈이 없을 때 또는 경영권을 포기하고 투자금을 회수하고 싶을 때 일어난다. 또 회사 규모에 비해 자본금이 지나치게 많다고 판단될 경우에도 유상감자를 하게 된다.

주식을 매입할 때 주당 가격이 액면가액보다 낮으면 회사 입장에선 이익, 즉 감자차익이 생기고 주당 가격이 액면가액을 넘어서면 회사 입장에선 손해가 발생하는데 이를 감자차손이라고 한다. 이는 자본잉여금(감자차익) 또는 자본조정(감자차손) 항목으로 들어가 자본총액에 영향을 미친다.

우리나라에서 가장 유명한 유상감자는 옛 외환은행을 인수했던 미국 론스타펀드의 유상감자다. 당시 미국 론스타펀드는 2003년 5월 극동건설 최대주주로 올라선 후 넉달 만에 주당 5천원의 유상감자를 실시해 650억원을 챙겼다. 어쨌든 유상감자는 주식을 사들여 없애기 때문에 자사주 매입 소각과 같은 효과가 있어 투자자들에겐 호재다.

자본잠식을 해결하기 위한 무상감자

무상감자는 주주들에게 어떤 보상도 하지 않은 상태에서 주주들이 갖고 있는 주식을 그냥 없애는 것이다. 예를 들어 10대 1로 무상감자가 일어난다고 하면 10주를 보유한 주주는 주식이 1주로 줄어들게 된다. 1만원짜리 주식 10주를 보유해 10만원어치 주식이 있었다면 하루 아침에 주식 수가 1주로 줄어들면서 그 가치도 1만원으로 감소한다.

무상감자는 자본잠식이 발생한 회사가 이를 해결하기 위한 수단으로 사용하는 방법이다. 자본잠식은 자본총액이 자본금보다 적은 상태로 주주들에게 주식을 발행한 후 얻은 자본금을 까먹었단 얘기다. 회사가 몇 년째 적자가 나게 되면 이익잉여금 대신 결손금이 발생하게 된다. 그렇게 결손금이 쌓이고 쌓이면 자본잠식 상태가 된다. 자본잠식은 코스피, 코스닥 상장사 관계없이 상장폐지 사유다. 그러니 회사는 자본잠식 상태를 벗어나기 위해 노력할 수밖에 없다.

무상감자를 하게 되면 어떻게 자본잠식이 해결될까? 무상감자를 할 정도의 회사라면 이미 그 회사의 자본총액 구성이 자본금과 결손금으로 나뉘었을 것이다. 무상감자는 자본금과 결손금을 상계해 자본금을 줄이게 된다. 자본금이 200억원이고 결손금이 70억원이며 자본잉여금이 30억원이라고 하면, 자본총액은 160억원이 되어 자본총액이 자본금보다 적은 자본잠식 상태가 된다.

이런 상황에서 결손금 70억원을 줄이기 위해 무상감자를 하게 되면 결손금 70억원만큼 주식이 없어진다. 따라서 결손금은 0, 자본금은 130억원, 자본잉여금은 30억원이 된다. 자본총액은 160억원으로 그 전과 변함이 없으나 자본총액은 자본금보다 많아져 자본잠식 상태에서 벗어난다.

자본잠식은 경영진이 회사를 제대로 경영하지 못해 적자가 쌓여 발생하는 것이기 때문에 최대주주가 책임을 진다는 차원에서 무상감자를 할 때 최대주주의 주식 수를 일반 주주에 비해 더 많이 소각하는 '차등 감자'를 진행하기도 한다. 어쨌든 무상감자는 명백한 주가 하락 요인이다.

■ 기업의 자산 구성과 유상·무상 증자·감자 구조

기업의 자산 구성

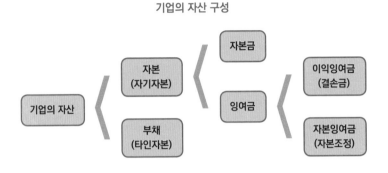

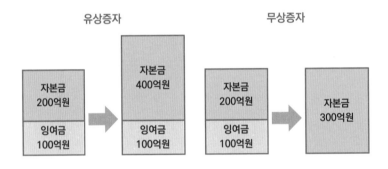

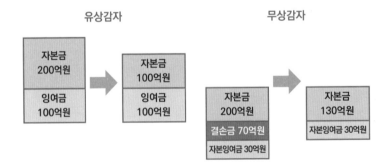

제 종목이 CB, BW를
자주 발행하는데 호재인가요?

네가 갖고 있는 종목이 CB나 BW를 자주 발행한다고?
그럼 곳간에 돈이 별로 없는 회사일 가능성이 커!
잘 살펴보고 주의하라고.

만약 투자하고 있는 회사가 전환사채(CB), 신주인수권부사채(BW) 등을 자주 발행한다면 그 회사는 신용등급이 별로 좋지 않은 코스닥 상장회사일 가능성이 높다.

전환사채, 신주인수권부사채(이하 전환사채)는 신용등급이 안 좋고 재무상태가 나쁜 회사가 싸게 자금을 조달하기 위해 발행하기 좋은 수단이다. 그러나 정작 전환사채를 발행하는 상장회사의 주식투자자 입장에서 보면 전환사채 발행은 결코 좋은 신호가 아니다.

CB, BW가 뭐길래?

회사가 자금을 조달하는 수단은 크게 채권 발행과 주식 발행이 있다. 빚을 내거나 투자를 받는 것이다. 그러나 채권과 주식을 교묘하게 합쳐놓은 자금조달 방법도 있다. 전환사채, 신주인수권부사채 등 '메자닌'으로 불리는 것들이다. 메자닌(Mezzanine)은 건물 1층과 2층 사이의 라운지 공간을 의미하는 이탈리아어로 채권, 주식의 중간 위험단계에 있는 전환사채 등을 말한다.

전환사채는 채권을 주식으로 전환할 수 있는 권리가 부여된 채권이고, 신주인수권부사채는 채권을 그대로 보유하면서 주식을 새로 발행받을 수 있는 권리가 부여된 채권이다. 신주인수권부사채보다 전환사채 발행 비율이 절대적으로 많다. 신주인수권부사채는 주식인수권만 따로 팔 수도 있었는데 2013년 이를 금지하면서 그 뒤로 매년 전환사채 발행 비율이 전체 메자닌 채권의 70% 안팎을 차지하고 있다.

회사가 채권을 발행하려면 신용평가사의 신용등급을 받아야 하지만 전환사채는 신용등급 없이 발행된다. 금리도 낮은 편이다. 자본시장연구원이 2010년 이후 2019년 7월까지 발행된 전환사채의 금리를 조사한 결과 연 7~9%대의 금리를 보인 BBB등급의 회사채보다 낮았다. 특히 코스닥 벤처펀드 등 사모펀드 규모가 커졌던 2017~2019년엔 상당수 전환사채 금리가 0%였다. 회사 입장에서 보면 공짜로 돈을 조달한 것이나 다름없다.

전환사채는 투자자 입장에서도 좋은 투자처다. 채권 발행 후 일정 기간이 지나면 투자자 선택에 따라 채권을 주식으로 바꾸거나 주식을 사전에 정한 가격으로 살 수 있기 때문이다. 주가가 오를 것 같다면 주식으로 바꾸면 되고 주가가 떨어질 것 같다면 채권으로 보유하다가 만기 때 원금, 이자를 상환받으면 된다. 다만 대부분의 전환사채는 소수의 투자자에게만 투자 기회를 부여하는 '사모' 방식으로 발행되어 일반 투자자는 직접 전환사채 등에 투자하기 어렵다.

전환사채가 주가 하락의 주범?

그렇다면 왜 전환사채가 이를 발행하는 회사의 주식투자자에겐 악재일까? 전환사채는 보통 3년 만기로 발행되어 발행된 지 1년이 지나서부터 주식으로 전환할 수 있는 권리가 투자자에게 생긴다.

전환사채에 투자한 A씨가 채권을 주식으로 전환하길 원한다면 회사는 신주를 발행해서 A씨에게 줘야 하는데, 이때 주식 수가 늘어나면서 주당 주식의 가치가 떨어져 주가 하락을 유발할 수 있다. 이후 주가가 오르면 A씨는 차익실현을 위해 주식을 팔 것이기 때문에 또 다시 주가 하락이 나타날 수 있다.

그러나 전환사채가 주식투자자에게 화를 불러오는 이유는 '리픽싱(refixing)' 때문이다. 리픽싱은 주가가 하락할 경우 전환가격이나 주식 인수가격을 함께 낮춰 가격을 재조정하는 계약을 말하는데 대부분의 전환사채가 리픽싱 조건을 두고 있다.

전환사채를 발행할 때 채권이 주식으로 전환될 경우 주당 얼마로 계산할 것인지 가격을 정해야 한다. 이를 전환가액이라고 한다. 전환가액에 따라 주식 발행 수가 달라진다. 문제는 주가가 하락했을 때다. 주가가 하락하면 전환가액도 같이 떨어진다. 이에 따라 발행해야 하는 주식 수가 늘어난다.

예컨대 100억원의 전환사채를 발행하는 회사가 있다고 하자. 전환사채를 발행할 당시에는 전환가액을 5천원으로 정해 전환가능한 주식 수가 200만주였다. 그러나 주가가 하락해 전환가액이 4천원으로 낮아지면 발행해야 할 주식 수가 250만주로 늘어나고, 2,500원으로 하락하면 발행 주식 수가 400만주로 늘어난다.

전환사채 발행이 나비효과가 되어 어느 날 갑자기 회사의 최대주주가 바뀔 가능성도 있다. 회사가 전체 발행한 주식 수가 1,000만주라고 하고 최대주주 지분이 25%(250만주)라고 하자. 주가가 하락해 전환사채 투자자가 가져갈 주식 수가 400만주로 늘어난다고 하면 전환사채 투자자가 기존 최대주주보다 더 많은 주식수를 갖게 되는 것이다. 전환사채 투자자의 지분율은 28.6%(400만주 보유)가 되고 기존 최대주주의 지분율은 17.9%로 낮아지기 때문이다.

회삿돈을 빼돌리려는 목적을 가진 기업사냥꾼들이 회사를 인수한 후 전환사채를 대거 발행하는 경우도 있다. 투자자들한테 자금을 받아 더 많은 돈을 빼돌리기 위한 것이다. 기억해야 할 것은 전환사채를 발행하는 회사는 재무상태가 썩 좋지 않고 전환사채는 언젠가 주가 하락을 유발하는 요인이 될 수 있다는 점이다. 자본시장연구원이 2010년부터 2018년까지 전환사채를 발행한 상장회사를 분석한 결과 6.9%가 상장이 폐지됐다고 밝힌 바 있다.

상장폐지를 미리 피할 수 있는
방법이 있나요?

상장폐지되는 종목을 어떻게 미리 알 수 있냐고?
상장폐지가 되기 전에 시장에 여러 신호를 준다!
정신만 똑바로 차리면 내가 가진 주식이 휴지 조각이 될 일은 없어.

주식투자자에게 가장 무서운 일은 상장폐지다. 투자한 주식이
모두 휴지가 되는 일. 하지만 투자자들은 이를 피할 수 있다. 그런
데 왜 상장폐지를 당할까?

몰라서 당할 수도 있지만 투자자 일부는 작전주에 투자해 '한
탕하고 튀겠다'라는 생각을 한다. 작전주는 주가 조작 대상이 되
는 주식이다. 인터넷 종목토론방만 가도 주가조작범 이름까지 거
론하며 '주가 좀 올려라'는 얘기가 오간다(주가조작범들 안 잡냐고?
사실 심증은 있는데 물증이 없는 경우가 허다하다). 주가조작범들이 주
가를 올려줄 것이란 믿음에 주식을 사고 어느 정도 오르면 빠지겠
다는 심사다.

그러나 착각이다. 덜컥 주식을 못 파는 상황에 닥치고 나서야 후회한다. 이런 착각에만 빠지지 않는다면 상장폐지 당할 만한 종목을 충분히 거를 수 있다.

한국거래소가 보내는 빨간불

보통 멀쩡하던 기업이 갑자기 상장폐지되는 경우는 극히 드물다. 일단 상장폐지로 가기 전에 '관리종목'으로 지정되는 경우가 많다. 관리종목으로 지정될 경우 빚을 내 투자하진 못하지만 주식거래는 가능하다. 관리종목으로 지정되는 것은 상장폐지 빨간불 신호다.

'상장적격성 실질심사 대상'이 되는 것과 '상장폐지 대상'이 되는 것도 다르다. 전자는 해당 회사가 상장적격성 실질심사 대상이 될 것인지 아닌지 여부를 한 번 더 살피는 과정을 거치게 된다. 상장적격성 실질심사 대상이 된다고 판단되면 '기업심사위원회(상장폐지 여부 또는 경영개선 기간 부여) → 코스닥시장위원회(상장폐지 여부 또는 경영개선 기간 부여)'를 거쳐 최종 상장폐지를 결정한다.

후자인 상장폐지 대상이라면 바로 기업심사위원회로 가게 된다(감사보고서 의견거절에 따른 상장폐지는 기업심사위원회에서 최종 결정). 최종적으로 상장폐지 결정이 나기까지 길게는 2~3년이 걸리기 때문에 투자자들은 장기간 돈이 묶이게 된다. 따라서 상장폐지 기미가 조금이라도 보인다면 발 자체를 들이지 않는 편이 낫다.

최대주주가 이상하다면 피해라

주가조작범들이 개입되었을 가능성은 최대주주를 보면 알 수 있다. 최대주주가 너무 자주 바뀌거나 바뀐 최대주주가 투자조합, 듣도 보도 못한 사모펀드라면 거르고 보는 것이 안전하다. 한국거래소가 운영하는 기업공시채널(KIND)에서는 1년간 최대주주가 두 번 이상 변동된 경우를 '투자 유의 사항'으로 분류해 해당 회사가 어디인지를 알려준다. 돈도 없으면서 주식을 담보로 돈을 빌려 회사를 인수하는 '무자본 M&A' 가능성이 있기 때문이다.

무자본 M&A 자체가 불법은 아니다. 그러나 기존 최대주주의 약점을 잡아 회사에 있는 현금을 노리고 접근해 회삿돈을 탈탈 털어먹는 경우가 흔하다. 멀쩡하던 한 코스닥 상장사는 기업사냥꾼이 2~3년간 경영하더니 85억원이던 현금 자산이 1년새 2억원으로 줄기도 했다. 그 사냥꾼들은 재판에 넘겨졌으나 회사는 3년째 주식 거래 정지 상태다.

기업사냥꾼에 의해 무자본 M&A가 일어나면 회삿돈을 다른 곳으로 빼돌려야 하기 때문에 대부분 경영진의 횡령·배임이 동반된다. 횡령·배임은 주식 거래가 즉시 정지되는 상장적격성 실질심사 대상 여부를 판단하는 사유 중 하나다. 상장 유지가 결정되면 주식 거래가 재개되나 상장폐지 대상으로 결정되면 언제 주식 거래가 재개될지 알 수 없다. 주식을 팔 기회도 얻지 못한 채 상장폐지로 직행할 수도 있단 얘기다.

코스닥 상장사의 경우 공시를 자주 위반해 불성실공시법인 누적벌점이 1년간 15점 이상 쌓인 경우에도 상장적격성 실질심사 대상이 된다. 기업사냥꾼이 회사를 지배할 경우 공시 위반이 반복적으로 일어나면서 벌점이 쌓이는 경우가 많다.

코스닥 상장사라면 재무제표도 봐라

투자한 회사가 코스닥 상장사라면 이익을 잘 내고 있는지 따져봐야 한다. 코스피 상장사는 상장한 이후 단 한 번도 흑자를 못 내더라도 괜찮지만 코스닥은 다르다.

코스닥 상장사는 별도(개별) 재무제표 기준(지주회사는 연결 재무제표 기준)으로 4개 사업연도 연속 영업적자이거나 최근 3개 사업연도 중 2개 사업연도에서 자기자본 대비 50%를 초과해 법인세차감전계속사업손실이 났다면 '관리종목'으로 지정된다. 관리종목으로 지정된 상태에서 같은 사유가 다음해 한 번 더 반복된다면 즉시 거래가 정지된다. 5년 연속 영업적자인 경우엔 상장적격성 실질 심사 대상이 되고, 3년 연속 자기자본 대비 50% 초과 법인세차감전계속사업손실이 발생하면 상장폐지 대상이 된다.

다만 코스닥 회사 중에서도 기술력이나 성장성을 인정받아 상장한 '기술특례상장, 성장성특례상장' 회사의 경우 적자를 내더라도 관리종목, 상장폐지 대상이 되지 않는다. 그러니 투자 종목이 코스닥에 어떤 루트로 상장했는지 살펴보고 기술특례상장 등이 아니라면 재무제표를 뜯어봐야 한다. 재무제표는 사업보고서에 나와 있는데 전자공시시스템에서 확인할 수 있다.

회계감사 '의견'도 상장폐지를 좌우한다

매년 회사들은 한 해 재무제표를 작성하고 재무제표를 제대로 작성했는지 회계법인으로부터 확인을 받는다. 이를 외부감사라고 한다. 회계법인은 외부감사 후 감사보고서를 작성하고 이에 따라 '적정, 한정, 부적정, 의견거절' 등 네 가지 중 한 가지 의견을 내게 된다. 그런데 '적정'이 아니라면 상장폐지 대상이 된다.

이 역시 코스닥이냐, 코스피냐에 따라 달라진다. 코스닥 상장사는 감사 의견이 의견거절, 부적정뿐 아니라 한정 의견이라도 무조건 상장폐지 대상이 된다. 그러나 코스피는 의견거절, 부적정만 상장폐지 대상이고 한정 의견을 받은 경우엔 관리종목으로만 지정된다.

회계법인의 의견만 갖고 상장폐지 여부가 결정되다니 사전에 알 수 있는 방법은 없을까? 모두 그런 것은 아니지만 한 해 사업보고서, 감사보고서가 작성되기 이전에 반 년 동안의 '반기보고서'를 내는데 이에 대해서도 회계법인이 검토의견을 낸다. 검토의견에서 적정하지 않다는 의견이 나온다면 이 역시 관리종목(코스닥은 의견거절, 부적정, 한정 의견, 코스피는 의견거절, 부적정)으로 지정된다. 그러니 불안하면 이런 회사는 투자하지 않는 게 좋다.

과감하고 무서운 상장폐지도 있다. 사업보고서를 법정제출기한(사업연도 종료 후 90일 이내)을 넘어 10일 이내까지 내지 않을 경우 빼도 박도 못하게 상장폐지가 진행된다. 그 다음날부터 정리매매에 들어간다.

■ **코스피·코스닥 상장회사의 상장폐지 요건**

요건	코스피	코스닥
경영진 횡령·배임	상장적격성 실질심사 대상	상장적격성 실질심사 대상
1년간 불성실공시법인 누적벌점 15점 이상	관리종목	상장적격성 실질심사 대상
5개 연도 영업적자	불이익 없음	상장적격성 실질심사 대상
4년간 3회 자기자본 대비 50% 이상 법인세차감전손실 발생	불이익 없음	상장폐지 대상
2년 연속 자본잠식률 50% 이상	상장폐지 대상	상장폐지 대상
2년 연속 자기자본 10억원 미만	불이익 없음	상장폐지 대상
최근 사업연도말 자본전액 잠식	상장폐지 대상	상장폐지 대상
회계감사 의견 비적정 (한정, 부적정, 의견거절)	부적정, 의견거절만 상장폐지 대상	상장폐지 대상
사업보고서를 법정제출기한을 넘어 10일 내에도 미제출	즉시 상장폐지 후 정리매매	즉시 상장폐지 후 정리매매

※자본 요건에서 코스피는 사업연도말 기준, 코스닥은 반기말 또는 사업연도말 기준

출처: 한국거래소

내가 투자한 종목에 대한 정보를 보고 싶다면?

증권사가 내는 리포트를 읽고서 투자하면 보통 '하수'라며 놀림당하기 쉽다. 하지만 리포트도 잘만 활용하면 바닥에 사서 천장에 팔지는 못해도 무릎에 사서 어깨에 팔 수는 있다.

✎ 증권사 리포트 기사만 잘 봐도 선방한다

엔씨소프트라는 게임 회사가 있다. 2019년 11월 리니지2M이 출시되고 나서 주가가 하락했다. 보통 게임 회사들은 신작 출시 전까지는 주가가 오르다가 출시가 되면 주식을 팔아 수익을 손에 쥐려는 수요가 늘어나면서 주가가 떨어진다. 그런데 그 다음달인 12월부터 증권사에서 하나 둘씩 목표주가를 올리기 시작했다. 리니지2M이 대박날 것 같다는 이유에서였다.

2020년에 들어서 신종 코로나 바이러스까지 겹쳐 집에서 게임하는 시간이 늘어나자 1월, 2월에도 증권사가 제시하는 목표주가가 올라갔다. 그 결과 2019년말 54만원대였던 엔씨소프트 주가가 2020년 7월 장중 99만 7천원까지 올라 최고점을 기록했다. 증권사 한두 곳이 아니라 여러 곳에서 비슷한 시기에 목표주가를 올리거나 내리는 것은 해당 회사의 기업가치가 달라졌다는 것을 의미한다. 이처럼 주가 상승, 주가 하락의 계기가 될 수 있다.

물론 그 근거가 무엇인지는 잘 따져봐야 한다. 바이오 회사의 신약 개발처럼 '잘 될거니까 잘 된다'라는 막연한 기대는 아닌지 말이다. 그나마 게임은 매일 이용자 수, 이용시간, 유료 아이템 결제 등 근거들이 눈에 보이는 경우였다.

그렇다면 증권사 리포트는 어디서 볼까? 보통 증권사 개별 홈페이지에 올라와 있으며 무료로 이용 가능하다. 네이버 증권 부문에서 종목별로 리포트를 검색할 수도 있다.

다만 하루에 증권사가 내는 리포트가 200여개가 넘기 때문에 일일이 챙겨보기 어려울 수 있다. 보통 언론사에선 오전 9시 정규장이 시작되기 전까지 증권사 리포트를 짧게 정리해 기사화한다. 여러 곳에서 반복해서 나온 리포트 기사만 읽어봐도 증시 흐름을 읽을 수 있다.

🖊 '매수' 의견을 곧이곧대로 믿으면 안 된다

증권사 리포트는 읽는 법이 따로 있다. 증권사는 특정 종목에 대해 투자의견과 목표주가를 제시하는데 투자의견은 대부분 '매수'다. 이를 곧이 곧대로 주식을 사라는 의견으로 받아들이면 안 된다. 증권사는 상장사를 상대로 각종 영업을 하고 있기 때문에 쉽게 주식을 팔라고 얘기하지 못하는 사정이 있다. '매도' 의견은 거의 없다고 봐도 무방하다. 그래서 매수냐 아니냐보다 내용을 살펴봐야 한다. 매수는 매수인데 내용을 보면 웬만하면 사지 말라고 완곡하게 표현하는 경우가 종종 있다.

매수보다 한 단계 낮은 단계가 '중립(Hold)'이다. 중립은 주식을 새로 사지는 말고 갖고 있다면 그냥 놔두라는 의미다. 그런데 실상은 팔라는 얘기에 가깝다.

하이투자증권은 2020년 5월 14일 넷마블에 대해 투자의견을 매수에서 중립으로 바꿨다. 그러면서 목표주가는 당시 주가보다 낮게 제시했다. 목표주가는 보통 향후 6개월, 12개월 후의 주가를 말하는 것인데 현주가보다 목표주가가 낮다면 주가가 하락할 것이라고 본다는 뜻이며, 주식을 갖고 있다면 손실이 발생할 수 있다는 것을 의미한다. 목표주가의 절대치도 맞지 않다. 점쟁이도 아니고 누가 1년 후의 주가를 맞추겠는가.

✍ 증권사 리포트에서 꼭 봐야 할 것

그렇다면 증권사 리포트에서 봐야 할 것은 무엇인가? 트렌드다. 증권사 다수가 투자의견을 매수에서 중립으로 바꾸고 있지는 않은지, 목표주가를 올리거나 내리고 있지는 않은지 등 흐름을 살펴야 한다. 주로 분기실적이 발표되는 전후로 이런 흐름이 바뀐다.

증권사 리포트의 4분의 3 이상이 코스피 상장사에 대한 것이다. 코스닥 상장사에 대한 리포트는 거의 없다. 그런데 갑자기 특정 코스닥 상장사에 대해 긍정적인 내용의 리포트가 나온다면 단기간 주가 상승에 힘을 받을 수 있다. 몰랐던 기업에 대한 긍정적인 정보가 새로 나온 것이기 때문에 투자자들이 해당 종목을 재평가할 수 있는 기회가 된다.

상장사들은 실적이나 경영에 큰 변동사항이 생기면 이 사실을 모든 투자자에게 알려야 하는데 이를 '공시'라고 한다. 공시는 투자에 있어 상당히 중요한 정보다. 전자공시시스템(DART), 기업공시채널(KIND) 등에서 공시를 볼 수 있다.

하루에도 수백 개씩 공시가 쏟아진다. 실적 시즌이나 사업보고서, 분기보고서 등 정기보고서 제출 시즌에는 수천 개의 공시가 나온다. 내가 투자한 종목이 거래 정지되지는 않았는지, 관리종목이나 상장폐지 대상이 되지는 않았는지 등도 확인할 수 있다.

게으른 투자자라 하더라도 HTS만 잘 활용하면 이 모든 정보를 알 수 있다. 매매 버튼을 누르기 전에 기업 정보를 살펴보면 지배구조, 재무제표, 공시 등을 한번에 볼 수 있다. 투자 실패를 줄이는 길이다.

같은 시장에 똑같은 종목에 투자를 한다고 해도 투자하기 좋을 때가 있고 나쁠 때가 있다. 주식투자는 종합적인 경제 상황에 귀를 기울이는 게 무엇보다 중요하다. 그렇다면 무엇을 기준으로 경제상황을 판단할 수 있을까? 금값, 구리값, 달러 가치, 기름값 등 우리 주변엔 경제상황을 판단할 수 있는 다양한 지표들이 있다. 기업의 실적, 선물옵션 만기 등도 시장 상황에 영향을 미친다. 이 장에선 큰 틀에서 주식시장을 살펴보는 법을 알려준다.

4장

주식하기 좋은 날은 언제인가요?

경제는 안 좋다는데
주가는 왜 오르나요?

주식은 현재가 아닌 미래를 먹고 사는 존재.
지금 당장 경기가 안 좋아도 내년, 내후년에 좋을 것 같으면 주가는 오른다!
다만 기대와 현실이 너무 다르진 않은지 잘 따져봐야 해.

주식은 미래를 먹고 산다. 현재 경기나 기업 실적이 아무리 나빠도 앞으로 좋아질 것 같다면 주가는 오른다. 반대로 기업 이익이 사상 최고치를 기록하고 경제성장률이 높아졌더라도 앞으로 나빠질 것 같다면 주가는 떨어진다.

삼성전자가 2018년 3분기 영업이익이 17조원대를 기록, 사상 최고치에 달했음에도 2018년 하반기 주가가 계속해서 하락한 것과 같은 원리다. 실제로 2019년엔 반도체 업황이 꺾였다.

주가는 언제의 미래를 반영할까? 통상 6개월 앞서 경기나 기업 실적을 선반영한다고 본다. 그런데 앞으로 경기가 좋아질지, 안 좋아질지는 어떻게 알 수 있을까?

미래를 보자, 경기선행지수·심리지수·전망치 등

경기의 미래를 예측하는 지표들을 살펴봐야 한다. 주가도 그 중 하나이지만 주가보다 좀더 체계적으로 미래 경기를 진단하는 지표가 있다. 통계청이 매달 발표하는 '경기선행지수'다.

경기선행지수는 기업의 재고가 쌓여 있지는 않은지, 기업이나 소비자들의 경제 심리는 어떤지, 수출 물가, 수입 물가는 얼마나 오르고 내리는지, 장기 국고채 금리와 단기 금리 간 차이는 얼마나 나는지, 코스피 지수는 얼마나 오르는지 등을 지수화한 지표이다.

보통 전달 지표를 그 다음달 말에 발표하는데 통상 3~6개월 이후 경기 상황을 예고한다. 하지만 절대 수치보다 전년동월 또는 전월 대비로 상승하느냐, 하락하느냐가 더 중요하다. 상승한다면 경기가 좋아질 것이란 기대가 높아지지만 하락한다면 경기가 나빠질 가능성이 높다는 것을 말한다.

그런데 작년에 경기가 워낙 나빠 올해는 조금 나아진 정도인데 경기선행지수 증가율만 큰 폭으로 오르는 경우가 생긴다. 이럴 경우 경기선행지수로 경기를 제대로 예측하기 어렵다.

그래서 경기의 추세선을 제거하고 추세선에서 변동하는 부분만 보여주는 '경기선행지수 순환변동치'가 경기를 예측하는 데 더 적합하다. 경기선행지수 순환변동치로 향후 경기가 어떨지를 판단할 수 있다. 정부는 2019년 경기선행지수 순환변동치를 기준으로 최근 경기 고점(정점)은 2017년 9월이었다고 밝힌 바 있다. 그

뒤로 4년째 선행지수 순환변동치가 하락하는 경기 수축국면이 진행되고 있다. 코스피 지수 역시 2018년 1월 2600선까지 올라 고점을 찍은 후 하락세다.

선행지수 순환변동치와 코스피 지수 간 시차가 생길 순 있어도 대체로 방향성은 일치한다. 선행지수 순환변동치로 봤을 때는 경기가 나빠질 것 같지만 코스피 지수가 오른다면 코스피 지수가 고평가되었을 가능성이 높다. 그러니 코스피 지수가 꺾일 것에 대비하는 것이 좋다.

전 세계 경제가 하나로 연결되어 있는 데다 우리나라는 수출로 먹고 사는 나라이기 때문에 우리나라 경제뿐 아니라 세계 경제 상황도 미리 예측해 볼 필요가 있다. 경제협력개발기구(OECD)에서 발표하는 경기선행지수를 보면 된다. 전 세계, 선진국, 신흥국 및 각 나라별 데이터가 매월 발표되어 미래 경기 흐름을 예측하는 데 중요한 지표이기 때문이다. OECD 경기선행지수가 개선된다면 주가도 반등할 가능성이 높다고 봐야 할 것이다.

경제주체들의 투자 심리도 중요하다. 한국은행 등이 기업 경영진을 상대로 현재의 경기 평가와 향후 전망을 설문조사해 발표하는 '기업경기실사지수(BSI)'와 소비자를 상대로 생활 형편이 나아졌는지, 물가가 오를 것 같은지, 앞으로 지출이 증가할 것 같은지 등을 묻는 '소비자심리지수(CSI)'도 있다. 기업경기실사지수와 소비자심리지수는 100을 기준으로 이를 상회하면 앞으로 경기나 살림살이가 나아질 것이라고 보는 사람이 많다는 것이고, 100 이

하면 그 반대라는 것이다.

　한국은행, 정부, 국제통화기금(IMF), OECD 등 국내외 경제 기관들에서 발표하는 경제성장률 전망치도 미래 경제를 예측하는 주요 도구 중 하나다. 성장률 전망치가 상향 조정된다면 경기가 개선될 가능성이 높고 하향 조정된다면 경기가 나빠질 우려가 있다. 증권사들이 기업 실적 추정치를 계속해서 상향 조정하는지, 하향 조정하는지도 살펴봐야 한다.

현실을 보라, 수출·산업활동동향 등 확인해야

　이런 온갖 미래 지표들을 봐서는 경기가 좋아질 것으로 예상되어 주가가 크게 상승했는데 실제 경제 지표나 기업 실적을 보니 기대보다 나빴을 수도 있다. 이는 다시 주가가 하락해 조정을 받는 이유가 된다. 반대로 예상과는 다르게 지표와 실적이 좋게 나올 수도 있다. 이는 주가 상승 요인이다.

　대표적인 경제 지표로는 국내총생산(GDP) 증가율, 즉 경제성장률이 있을 수 있으나 이는 분기별로 나오는 데다 분기가 끝난 후 한 달을 더 기다려야 하기 때문에 현재의 경기 상황을 즉각적으로 알 수 없고 사후적으로 판단할 수 있는 지표이다. 따라서 주가에 미치는 영향이 생각보다 크지 않다.

　매달 나오는 경기지표로는 수출과 수입 통계가 있다. 산업통상자원부가 매달 1일에 직전달의 수출, 수입 통계를 발표한다. 수출이 우리나라 경제에 막대한 영향을 미친다는 점을 고려하면 경기 상황을 판단하는 중요한 잣대가 될 수 있다.

통계청이 경기선행지수와 함께 발표하는 산업활동동향도 중요하다. 한 달 동안 생산, 소비, 투자가 어땠는지를 한눈에 볼 수 있기 때문이다. 제조업 등 광공업 생산이나 서비스업 생산이 얼마나 늘었는지부터 기업에 재고가 늘어나고 있지는 않은지, 제품이 만들어진 즉시 수출이나 내수를 통해 잘 출하되고 있는지 등을 보여준다. 또 설비투자나 건설과 기계 수주 등이 얼마나 이뤄지고 있는지도 알 수 있다. 한 나라의 경제 살림을 한 눈에 볼 수 있어 현재의 경기 상황을 확인함과 동시에 미래를 예측할 수 있다. 예컨대 광공업 생산은 늘어났는데 재고는 쌓이고 출하가 감소한다면 앞으로 경제 활력은 떨어질 수 있다고 예측할 수 있다.

금이나 구리값만 봐도
주식시장을 예측할 수 있다고요?

여러 산업재에 쓰이는 구리는 시장이 좋아지면 몸값이 오르지.
반대로 시장이 불안해지면 언제 어디서나 제값을 받을 수 있는 금값이 오른다네.
주식은? 구리 박사님과 같이 가지.

2018년 하반기, 미국과 중국이 무역분쟁을 일으키자 두 원자재(구리와 금)의 가격이 정반대의 방향을 향해 달렸다. 당시에 구리값은 꾸준히 하락했으며, 금값은 사상 최고가를 계속해서 경신했다.

도대체 왜 이런 현상이 생기는 것일까? 그리고 이 두 자산의 가격 움직임이 주식시장과 어떤 상관관계가 있는 것이길래 주식 관련 기사마다 금값과 구리값 얘기가 나오는 것일까?

경기의 앞날을 보여주는 구리 박사님

구리는 가전제품뿐 아니라 전선, 자동차, 건설, 해운 등 각종 산업에 쓰이는 원자재다. 그래서 구리의 수요가 많아지고 값이 오르면, 산업 전방위적으로 제품 생산이 늘고 있다는 신호로 볼 수 있다. 제품 생산이 많다는 건 곧 그 제품을 살 수 있는 여력이 증가했다는 것이고, 이는 경제 상황이 좋다는 말로도 해석할 수 있다. 그래서 금융가에선 구리값을 경제 방향을 미리 알려주는 지표라고 본다. '닥터 코퍼(Dr. Copper)'라는 별명이 붙은 건 이 때문이다.

실제 미국과 중국 간 무역분쟁이 격화된 2018년 하반기 이후 구리값은 계속 하락했다. 전 세계에서 가장 많은 물건을 사들이는 미국과 전 세계에서 가장 많은 물건을 만드는 중국 간에 국경을 걸어잠그는 일이 생기자 각종 산업군에서 적극적인 생산을 꺼리게 된 탓이다. 2019년 초반만 해도 런던금속거래소(LME)에서 구리는 톤당 6,600달러씩 거래되었지만, 그해 5월엔 6천달러 아래로 추락하기도 했다. 이후 양국이 1단계 무역협상에 합의하자 구리값은 다시 6천달러선을 회복했다.

이렇듯 구리값은 경제 향방에 따라 위아래로 움직이기 때문에 투자하려면 다소 리스크를 져야 한다. 그래서 시장에서 구리를 '위험자산'으로 분류하는 것이다. 이 위험자산에는 구리 외에도 원유, 반도체 등이 있다. 모두 비슷한 메커니즘으로 가격이 움직이는 원자재들이다.

경제가 안 좋을수록 더 빛나는 금

만약 한국에 당장이라도 전쟁이 나서 경제가 붕괴해버렸다고 가정해보자. 그러면 국제 금융시장에서 원화는 더이상 가치가 없을 것이다. 내가 가진 만원짜리는 쌀 한 톨 못 사는 휴지 조각이 될 수도 있는 셈이다. 그러나 내가 이때 금 한 돈을 갖고 있다면? 이 금을 달러로 바꿔서 뭐라도 살 수 있지 않을까?

이처럼 금은 전 세계에서 통용되고, 또 화폐가치가 폭락해도 현물로서 존재하기 때문에 다른 자산으로 쉽게 바꿀 수 있다. 경제가 어려울 때 오히려 강하고, 환금성도 좋기 때문에 안전자산으로 분류된다. 또 다른 안전자산으론 달러, 채권 등이 있다. 모두 거시경제가 어려울 때 상대적으로 강세를 보이는 자산들이다.

실제 미국과 중국 간 무역분쟁이 재점화되었던 2019년 당시, 금값은 계속해서 최고가를 기록했다. 이듬해인 2020년에도 신종 코로나 바이러스로 인해 금융시장이 폭락했음에도 불구하고 금값은 사상 최고가를 계속해서 갈아치우기도 했다.

구리·금값, 주식시장 앞날을 어떻게 예측하나요?

이렇듯 구리와 금값은 경제상황에 따라 서로 반대 방향으로 움직인다. 경제가 좋아질 것으로 예상되는 상황에서는 구리값이 오르는 반면 금값은 떨어지고, 반대로 경기의 앞날이 불확실하다면 금값이 오르는 대신 구리값이 내려간다.

한편 주식시장은 경기가 좋아야 오른다. 기업 실적이 좋아야 그 종목의 주가가 오를 수 있다. 그렇기 때문에 구리값이 오르는 것을 보면 '앞으로 경기가 좋겠구나' 하며 주가가 오를 것으로 예측할 수 있고, 반대로 금값이 오르는 것을 보면 '앞으로 경기가 어렵겠구나' 하며 주가가 쉽게 오르지 못하리라는 것을 예상할 수 있다. 그래서 구리와 금값을 보고도 주식시장의 앞날을 대략적으로 예측할 수 있다는 말이 나오는 것이다.

달러가 오르면 수출이 잘 되지 않나요?
그런데 왜 주가는 내리죠?

외국인들은 달러가 조금이라도 오르면 한국에 투자한 주식을 손해보게 된다네.
당장 손해가 생기니 달러가 오르면 외국인들은 주식을 팔지.
달러 강세와 주가 관계의 비밀!

'달러가 강한 불편한 환경이 지속되면서 외국인 자금 유입 속도가 둔화됐다' 주식 관련 뉴스를 보면 자주 나오는 구절 중 하나다. 달러가 강하면 외국인이 한국 시장에서 투자를 덜 하고, 달러가 약해야 외국인이 한국시장에 잘 들어온다는 얘기다.

분명 학교에서 경제를 배울 때 '한국은 수출주도형 국가라 환율이 올라야 기업 실적이 좋아진다'라고 배운다. 이 개념을 주식시장에 적용해보면 환율이 올라야 기업 실적이 좋아질 테고, 기업 실적은 주가와 연관되므로 높은 환율이 곧 증시의 호재가 되어야만 한다. 그런데 주식시장에선 환율과 주가가 정확히 반대로 움직인다. 도대체 왜일까?

외국인은 환율에 민감해

주식시장을 움직이는 세 주체는 외국인·기관·개인이다. 기업 실적과는 상관없이 이 셋 중 하나가 증시에 돈을 싸서 들어오면 주가는 오를 수밖에 없다. 그리고 이 중 외국인은 전체 시가총액의 30% 이상을 차지하는 '큰 손'이다.

그런데 이 외국인은 환율에 민감하다. 예를 들어 스미스씨가 1달러가 1천원일 때 100달러를 환전해서 A종목에 10만원어치 투자를 했다고 치자. 주가는 변함이 없는데 어느 날 갑자기 1달러가 1,500원으로 올랐다고 해서 스미스씨가 10만원어치 주식을 판 뒤 다시 달러로 바꾸었다면 66.66달러가 될 것이다. 환율만 올랐는데도 33달러나 손해를 보게 되는 셈이다. 달러가 강세를 띠니 어려운 말로 '환차손'을 본 것이다.

또 환율은 그 국가의 경제상태를 나타내는 지표이기도 하다. 원화 가치가 높아진다는 것은 그만큼 한국 경제가 튼튼하다는 말을 방증하는 것이다. 외국에서 한국 경제가 고평가를 받아야 원화 가치도 올라가지 않겠는가? 그래서 외국인들은 달러가 강하면 한국 주식시장을 떠나고, 달러가 약하면 들어오는 특징이 있다.

2020년 하반기, 한국에서 '외국인 투자자들 돌아오나'라는 기사가 자주 나왔던 건 이 같은 이유들 때문이다. 앞서 신종 코로나 바이러스 창궐 이후 한국 시장에서 외국인 투자자들은 대규모로 주식을 팔아치운 바 있다. 그런데 신종 코로나 바이러스를 이겨

내고자 미국이 재정지출을 대폭 확대했고, 시장에 달러가 흔해지면서 달러가치가 연일 하락했다. 약달러 기조가 이어질 경우 한국 시장에 재차 외국인들이 유입될 가능성이 크기에 언론이 주목한 것이다.

원화와 같이 가는 위안화, 따로 가는 달러

다른 국가의 외환사정을 들여다보면 원화의 향방도 추측하기 어렵지 않다. 예컨대 중국의 위안화는 한국의 원화와 비슷한 행보를 보이는 경우가 많다. 외국인 입장에서 중국과 한국은 '신흥국'이라는 한 틀에 묶이기 때문에 주식을 매도할 때도 같이 매도하는 경우가 흔하다. 위안화 가치가 떨어지면 외국인 입장에서는 환차손을 보기 때문에 주식을 매도해야 하고, 그러다 보면 한국 주식까지 덩달아 팔게 되는 것이다. 즉 한국 시장에서 외국 자본이 유출되며 원화 약세 흐름이 만들어지는 셈이다.

위안화가 떨어지면 중국 기업들과 높은 수출 경합도를 가진 한국 기업들의 수출 경쟁력이 떨어지므로 원화는 약세를 보일 수밖에 없다. 실제 2016년초 중국이 수출 가격에 대한 경쟁력을 회복하기 위해 의도적으로 위안화를 1.86% 절하하자, 이 같은 우려들이 반영되며 하루 만에 환율이 약 15.9원이나 뛴 적이 있다.

한편 달러가 강세를 보이면 원화는 반대로 약세를 보일 가능성이 높다. 대표적 안전자산으로 꼽히는 달러는 어느 나라에서든

통하는 돈이기 때문에 안정성이 높다.

그래서 달러값이 높아지면 그동안 높은 수익을 얻기 위해 위험 자산을 샀던 사람들이 다시 달러를 사서 달려가게 된다. 이런 이유로 달러 가치가 높아지면 반대로 위험 자산에 속하는 원화 가치가 떨어질 가능성이 높아진다.

환율 따라 갈리는 업종 간 희비

한편 달러가 오르면 주가가 전반적으로 내려가지만, 업종별로 보면 수혜를 보는 곳도 분명히 있다. 자동차, 전자 등과 같은 수출 기업이 대표적이다. 외국에서 같은 제품을 똑같은 양으로 팔아도 달러가 비싸기 때문에 원화로 환산하면 돈을 더 번 것처럼 기록되기 때문이다. 특히 자동차의 경우 선진국과 품질이 비슷해지면서 가격이 중요해졌는데, 원화가 약할수록 가격 경쟁력이 높아지며 수출이 증가한다.

반대로 환율이 내리면 수혜를 보는 대표적인 업종이 항공이다. 비행기 리스 비용이나 연료 가격을 달러로 지불해야 하기 때문에 달러값이 내려가면 그만큼 부담을 덜 수 있다. 대부분의 항공사들은 항공기 차입금 등으로 인해 막대한 외화 부채를 갖고 있고 이자 비용도 대부분 달러로 지불해야 하기 때문에 달러가 강세를 띄면 환차손이 크게 발생한다. 이 밖에 여행업종의 경우에도 달러가 약세를 띄면 해외여행객이 늘어나 이익이 발생한다.

금리는 내리는데
주가가 오르는 이유는 뭐예요?

금리가 낮아지면 회사나 사람들이나 은행에서 돈을 빌리기 쉬워진다네.
시중에 돌아다니는 돈의 양이 늘어나면서 그 돈이 주식시장으로 흐르게 되지.
이게 바로 주가가 오르는 이유야!

금리는 돈에 대한 대가, 돈의 값이다. 돈의 값은 누가 결정할까? 시장에서 수요, 공급에 따라 결정되긴 하나 중앙은행이 기준값, 기준금리를 어떻게 결정하느냐가 더 중요하다.

전 세계 금융시장이 거의 한몸처럼 움직이는 시대에 미국 중앙은행, 연방준비제도(Fed, 이하 연준)가 하는 통화정책은 전 세계 증시에 상당한 영향을 미친다.

오죽했으면 '연준에 맞서지 마라(Don't fight Fed)'는 증시 격언이 생겼을까. 연준이 달러를 풀거나 줄이면 증시에 미치는 영향이 워낙 크기 때문에 연준 정책에 반하는 투자를 했다간 큰코다친다는 얘기다.

중앙은행은 금리를 어떻게 결정하나?

경기가 침체되면 가계 소비가 줄어들게 되고 이에 따라 기업은 생산과 고용을 줄인다. 그리고 고용이 줄어들면 가계는 소득이 감소해 또 다시 소비를 줄이는 악순환에 빠진다. 이때 중앙은행이 기준금리를 내리면 은행 대출 금리가 낮아지고 가계와 기업이 쉽게 돈을 빌릴 수 있게 된다.

빌린 돈은 가계 소비로 이어지고 소비가 늘어난 만큼 기업은 생산을 늘려 경기가 조금씩 살아난다. 경기가 회복되어 물가 상승이 걱정될 수준이 되면 중앙은행은 다시 기준금리를 올린다. 시중에 있는 돈을 줄여서 경기 과열을 막기 위해서이다.

중앙은행은 금리를 조절해 시중에 돌아다니는 돈의 양을 관리한다. 이를 유동성이라고 한다. 유동성은 개인, 기업 등 경제주체가 보유한 자산을 현금화할 수 있는 능력을 말한다. 금리가 낮으면 은행에서 돈을 빌리기 쉬우니 시중에 유동성이 늘어나고 반대로 금리가 높으면 유동성이 줄어들게 된다.

2008년 금융위기로 경기가 침체되자 연준은 기준금리를 0%대로 내렸고, 유럽중앙은행(ECB)과 일본중앙은행(BOJ)은 금리를 마이너스 수준까지 끌어내렸다. 마이너스 금리란 시중은행들이 중앙은행에 돈을 맡기면 이자를 받는 게 아니라 오히려 수수료를 내야 한단 얘기다. 이것도 모자라 연준은 재무부가 발행하는 국채를 사들이고, 그 대가로 달러를 지불해 사방에 달러 공급을 늘리는 양적완화(QE)를 실시했다. 유럽, 일본 중앙은행들도 자국 국채 등을 매입해 각각 유로화, 엔화 등 자국 통화 공급을 늘렸다.

중앙은행이 금리를 내리는 것이나 국채 등을 매입해 양적완화를 하는 것은 시중에 유동성을 공급해 경제를 살리기 위해서이다. 그리고 공급된 유동성은 여러 곳으로 이동하는데 그중 하나가 주식시장이다.

금리와 주가의 관계는?

경기가 안 좋으면 돈을 빌리려는 수요가 줄어드니 돈의 값, 즉 금리가 떨어진다. 돈의 값이 싸지면 시중에 유동성이 풀리고, 이렇게 풀린 유동성은 주식시장으로 흘러가 주가를 올린다. 반대로 금리가 올라가면 굳이 위험한 주식시장에 투자할 것 없이 은행에 예금하면 되기 때문에 주식에서 돈이 빠져나간다. 그 결과 주가는 하락한다. 이렇게만 보면 금리와 주가는 역의 관계로 보인다. 그러나 둘의 관계는 그리 단순하지만은 않다.

유럽의 워런 버핏, 앙드레 코스톨라니(Andre Kostolany)는 금리와 주가의 관계를 달걀모델로 정리했다. 달걀모델은 금리 변화에 따라 돈이 어떻게 움직이는지를 설명하고 있다.

금리가 높으면 투자자들은 은행에 예금할 것이다. 그러다 경기가 위축되어 금리가 하락하기 시작하면 돈이 채권으로 이동한다. 채권 금리와 가격은 정반대로 움직이니 금리가 더 떨어질 것 같다면 채권에 투자하려는 수요가 강해진다.

경기침체를 두고 볼 수만은 없는 중앙은행이 본격적으로 개입해 기준금리를 낮추고 돈의 공급을 늘려 금리가 더 낮아진다면 채권보다 임대수익이 낫겠다고 생각하는 사람이 많아져 돈이 부동산으로 옮겨가게 된다. 이후 금리가 더 떨어져 최저점을 찍게 되면 경기가 바닥을 쳤다고 판단해 부동산에 있던 돈은 주식으로 이동한다.

경기가 좋아지면 기업들이 공장을 짓고 투자를 늘리기 위해 빚을 내면서 돈의 값인 금리가 올라간다. 이때까지도 경기 회복에 대한 기대로 인해 주가가 오른다. 그러다 물가 상승을 걱정할 정도까지 경기가 과열되면 중앙은행이 기준금리를 올릴 것이란 판단이 들어 주식으로 갔던 돈은 다시 예금으로 이동한다. 달걀모델대로라면 주식은 금리가 저점을 지날 때 사서 고점에 다가갈 때 팔아야 한다.

경기 바닥과 경기 고점에서 금리와 주가는 역의 관계를 보이지만 경기침체 초반에는 금리가 떨어져도 주가가 오르지 않고, 경기가 막 회복하기 시작한 때에는 금리가 상승해도 주가가 오른다.

돈의 힘으로 오른 증시, 경기 뒷받침 안 되면 모래성

금리와 주식의 관계에서 가장 주의해야 할 시기는 중앙은행이 경기가 좋다고 판단해 금리를 올리려고 할 때다. 주식시장은

2008년 이후 장기간 저금리에 길들여지다 보니 시중에 돈이 줄어든다는 것에 상당히 민감해졌다.

2013년 벤 버냉키 당시 연준 의장은 미국 경기가 회복해 매달 매입하는 국채 규모를 줄이겠단 뜻을 내비쳤다가 역풍을 맞았다. 유동성이 줄어들 것이란 두려움 때문에 우리나라를 비롯한 신흥국에서 자금이 빠지면서 주가가 급락했다. 한바탕 소동을 겪고 나니 연준도 두려워졌다. 연준은 시장의 눈치를 살피다 2014년말 양적완화를 종료했고, 금리는 2015년말에야 조금씩 오를 수 있었다.

2020년 신종 코로나 바이러스로 세계 대공황 수준의 경기침체가 우려되자 연준은 금리를 또 다시 제로 수준으로 내렸고 국채 매입을 무섭게 늘렸다. 연준이 달러 공급을 늘리기 위해 국채를 매입하면 연준 자산이 늘어나는데 연준 자산은 2020년 5월 현재 7조달러로 증가했다. 2008년 금융위기 이후 2017년말까지 10년 넘게 늘어났던 자산의 80%가 5개월 만에 증가한 것이다. 유동성의 힘에 스탠더드앤드푸어스(S&P)500지수는 2020년 3월 12.5% 하락하더니 4월 12.7% 반등한 이후 5개월 연속 상승, 코로나 이전 수준으로 회복했다.

그러나 경기침체가 계속되는데도 주가가 오를 때는 경기가 회복될 것이란 기대감과 주가가 언제 떨어질지 모른다는 불안감이 공존한다.

유동성으로 끌어올려진 주가는 2013년에 경험했듯이 경기회복이 뒷받침되지 않으면 언제 무너질지 모르는 모래성과 같다. 어두운 조명 아래 예쁘고 잘 생겨보이던 이성이 환한 곳에서 보면 콩깍지가 벗겨지게 되는 것과 같은 이치다.

그러나 언제까지 조명 아래에만 있을 수는 없다. 유동성이 풀렸을 때 가계, 기업 등으로 흘러가 실제 경기회복의 마중물 역할을 해야 유동성을 줄여도 주가가 안정적으로 상승할 수 있다.

■ **코스톨라니의 달걀 모형**

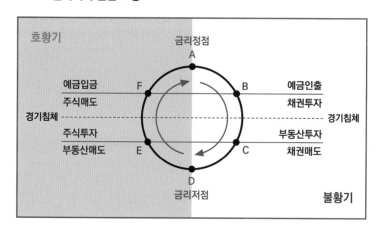

기름값이 싸진 것도
주가와 관련이 있다고요?

유가는 상승과 하락 그 자체보다도,
왜 오르는지 또는 왜 내리는지 그 이유가 더 중요해.
또 기름값이 싸야 수혜를 보는 업종이 있고, 비싸야 이익이 되는 업종도 있지.

원유, 기름은 경제가 돌아가는 데 쓰이지 않는 곳이 거의 없다. 자동차, 배, 비행기 등이 움직이기 위해서도 휘발유, 경유 등이 필요하고 신종 코로나 바이러스로 불티나게 팔린 마스크와 손세정제를 만드는 데도 원유가 사용된다.

원유 소비국에선 유가 오르면 부정적

원유 가격(유가)이 오르느냐 내리느냐에 따라 경제, 주가가 어떻게 반응할지는 그 나라가 원유 생산국인지, 소비국인지에 따라 다르다. 사우디아라비아, 러시아, 브라질 등 산유국처럼 원유를 팔아 돈을 버는 나라에선 유가가 올라가면 이득이다.

유가가 상승할 것이라고 전망되면 이들 나라의 주가가 오른다. 그런데 원유를 산유국에서 수입해 소비하는 나라에선 유가 상승이 경제에 부정적이다. 이론적으로 원유 등 원자재 가격이 오르면 수입 물가가 상승하고 이는 경제에 부담이 되어 주가에도 부정적인 영향을 주기 때문이다. 기름 한 방울 안 나는 우리나라는 대표적인 원유 소비국으로 후자에 속한다.

하지만 유가 상승이 무조건 경제에 부정적이라고 말할 수는 없다. 대신 유가가 상승하는 이유가 무엇인지 잘 따져봐야 한다. 경제가 좋아지는 과정에서 유가가 오른다면 큰 부담이 없다. 항공사에선 유류비가 올라가더라도 여행객이 증가한다면 비행기값을 올리면 되기 때문에 별 문제가 되지 않는다. 기름값이 무섭다고 해외 여행을 가지 않는다거나 자동차를 안 타고 다니진 않을 것이기 때문이다. 즉, 원자재인 유가가 상승한 만큼을 소비자 가격으로 전가할 수 있단 얘기다.

반대로 산유국끼리 전쟁이 나서 원유 공급이 줄어 유가가 오른다고 생각해보자. 이때는 원자재 가격이 올라도 소비자 가격에 전가할 수가 없다. 또한 원유 소비국들은 기업 실적이 나빠지게 된다. 유가가 하락하면 원자재 가격이 떨어져서 좋다고 생각할 수도 있겠지만 소비자 가격 역시 하락하므로 기업에 이득이 되지 않을 가능성이 있다. 그러니 유가 상승과 하락을 제품, 서비스 판매 가격에 반영할 수 있는지가 더욱 중요하다.

유가는 업종별로 이해관계 다 달라

원유를 수입·정제해서 휘발유, 경유, 천연가스 등 석유 제품을 만들어 수출하는 정유업체나 원유를 정제해 납사(나프타, Naphtha)를 만들고 이를 토대로 타이어 원료 등을 만드는 화학업체는 유가가 하락하면 원자재를 낮은 가격에 수입할 수 있다는 장점이 있다. 반대로 유가가 상승하면 원자재 가격 또한 비싸진다.

그렇다면 유가 하락은 정유·화학업체에 무조건 좋고, 유가 상승은 나쁜 것일까? 그렇지 않다. 이 역시 시장 상황에 따라 달라진다. 원유를 싼 값에 들여왔어도 석유 제품이나 석유화학 제품의 가격에 유가를 전가할 수 없다면 이익이 남지 않는다.

원유를 싼 값에 들여와 제품으로 만들고 이를 비싸게 팔아야 이익이 난다. 이런 측면에서 볼 때 산유국에서 원유를 구입한 후 한두 달 사이에 유가가 올랐다면 이익이 날 수 있다. 산유국에서 원유를 구매해 국내로 들여오는 데 보통 1~2개월의 시간이 걸리는데 이때 유가가 오르면 원유(재고자산)평가이익이 증가하게 된다. 이를 '래깅 효과(lagging effect)'라고 한다. 예컨대 원유를 구입했을 당시 유가가 배럴당 30달러였는데 한두 달 후 50달러로 올라가면 창고로 들어온 원유의 평가이익이 증가하는 데다 휘발유 등 석유 제품에 대한 판매 가격도 높일 수 있다.

반대로 원유를 구입한 후 유가가 한두 달 사이에 하락했다면 손실이 커질 수 있다. 2020년 1월초 배럴당 60달러 중반에 거래되던 유가가 3월말 20달러대로 급락하자 에스오일, SK이노베이션 등 정유업체들은 재고자산평가손실로 인해 1분기 1조원이 넘는 최악의 영업적자를 냈다.

조선업체, 해운업체도 유가에 영향을 받는다. 조선업체는 배를 만들 뿐 아니라 바닷속에서 원유를 뽑아내 정제하고 보관할 수 있는 해양 플랜트 시설 등을 만들기도 한다. 유가가 하락하면 원유 및 신규 해양 에너지원에 대한 수요가 감소해 관련 수주가 줄어들어 부정적인 영향을 미친다. 해운업체의 경우 유류비가 소요되기 때문에 유가가 하락할수록 유리하지만 유가 하락의 원인이 수요 감소라면 물동량이 감소해 배를 움직이는 횟수가 줄어들므로 이익이 개선될 가능성이 낮다.

한국전력 등 유틸리티 업종이나 대한항공 등 항공 업종은 대표적으로 원유가 비용인 업종이다. 유가가 오르면 비용이 증가하면서 이익 구조가 나빠지고 유가가 하락하면 비용이 줄어 이익 구조가 개선된다.

실적이 잘 나왔다는데
기준이 뭔가요?

실적이 잘 나올 종목에 미리 투자해두면 투자 수익률이 오르겠지?
애널리스트들은 수익률을 더 높이기 위해 미리 실적을 예상해 둔다고.
실적이 좋다 아니다는, 예상치를 두고 판단해.

'삼성전자가 1분기 어닝서프라이즈를 기록해 주가가 올랐다' 매 분기 기업 실적이 발표될 때가 되면 으레 볼 수 있는 헤드라인이다. 그렇다면 실적은 정확히 언제쯤 발표되는 것일까? 또 실적이 잘 나왔다거나 못 나왔다고 말하는 기준은 무엇일까?

어닝쇼크와 어닝서프라이즈의 기준은?

기업의 실적이 정식으로 발표되기 전에 각 증권사의 애널리스트들은 이번 분기 실적의 잠정치를 내놓는다. 실적이 잘 나오면 기업가치가 오르며 주가도 상승하는데, 만약 다른 사람보다 먼저 실적이 잘 나올 것을 예상하고 해당 주식을 사 놓으면 주가 상승을 더 크게 누릴 수 있기 때문이다.

그러나 기업이 실적과 같은 중요 정보를 공시 이전에 미리 흘리는 것은 불법이다. 그래서 애널리스트는 기업의 실적을 가능한 정확하게 예측해 증권사의 고객들이 한 발 앞선 투자 판단을 할 수 있도록 도와준다. 기업에 방문해 공장이 얼마나 돌아가나 가늠해보고, 해당 상장사에 재료를 공급하는 업체들을 만나 얘기도 들어보며 이번 분기 실적이 어느 정도 나올 것 같은지를 예상하는 식이다.

이렇게 애널리스트들이 추정한 실적 전망치의 평균치를 구한 게 바로 '컨센서스(Consensus)'다. 이 컨센서스를 기준으로 실제 실적이 잘 나왔는지 못 나왔는지를 따진다. 만약 이 컨센서스보다 실제 실적이 10% 이상 잘 나오면 '어닝서프라이즈', 반대로 못 나왔을 경우엔 '어닝쇼크'라고 판단한다. 기준을 누가 10%라고 딱 정하진 않았지만, 시장에선 대략 10% 상회·하회를 서프라이즈와 쇼크의 기준으로 삼는다.

보통 큰 폭으로 예상치를 상회한 어닝서프라이즈가 나면 주가가 오를 가능성이 높다. 반대의 경우는 주가가 하락할 가능성이 높다. 다만 어닝 서프라이즈가 났다고 해서 무조건 주가가 오르는 것은 아니고, 쇼크가 났다고 해서 100% 주가가 떨어지지도 않는다. 실적이 좋지 않을 것을 예상하고 지속적으로 매도해 온 경우에는 오히려 어닝쇼크가 발표된 당일 주가가 오르기도 한다.

실적 발표 때 눈여겨보면 좋은 항목들

한편 실적을 볼 때엔 매출액, 영업이익, 당기순이익을 각각 주의 깊게 봐야 한다. 최근 사업의 규모와 현금흐름을 가늠할 수 있는 가장 좋은 수단이기 때문이다.

매출액은 해당 기업이 기업활동을 통해 벌어들인 금액의 총량을 나타낸다. 투자자들은 작년 동기 매출액과 비교해 이번 분기 회사가 총 얼마의 돈을 벌어들였는지를 짐작해볼 수 있다.

영업이익은 매출액에서 매출원가와 판매관리비 및 일반관리비를 뺀 금액을 말한다(영업이익 = 매출액 - 매출원가 - 관리비·판매비). 매출액은 비슷하거나 더 늘었는데 영업이익이 더 크게 줄었다는 건 영업비용이 그만큼 증가했다는 것으로, 효율적으로 비용관리를 하지 못했다는 얘기가 될 수 있다. 단 업종의 특성에 따라 차이가 나므로 비슷한 업종끼리 비교해보는 게 좋다.

한편 당기순이익은 영업이익에서 영업외손익을 반영하고 법인세 비용까지 차감시킨 금액이다(당기순이익 = 영업이익 + 영업외손익 - 영업외비용 - 법인세). 영업외손익이란 예금이자, 부동산 투자, 기업체 및 각종 자산투자 등 영업과 별도로 기업이 벌인 기타사업에서 벌거나 잃은 돈들을 말한다.

당기순이익은 '순'이라는 말이 들어있어 마치 순수한 이익을 표시하는 것처럼 보인다. 그러나 그 기업이 진짜 돈을 잘 버는지 확인하려면 당기순이익이 아닌 영업이익을 확인하는 게 더 적절하다. 당기순이익은 영업이익과 달리 영업활동 이외에 일시적이고 비경상적인 활동, 즉 본업이 아닌 일을 통해 얻은 이익까지 포함하기 때문이다. 예를 들어 회사 소유의 부동산 및 설비를 매각해 이익을 남기거나 자사주나 채권을 팔아서 이익을 남긴 것도 영업외손익으로 계산되어 당기순이익에 포함된다.

실제 2015년에 한국전력공사는 11조 3,467억원의 영업이익을 기록했지만 당기순이익은 이보다 더 많은 13조 4,139억원을 기록했다. 당기순이익이 영업이익보다 2조원가량 더 많았던 것은 당시 한전 본사 부지를 현대차그룹에 10조원 이상으로 매각한 덕이었다. 이 당기순이익은 전년 대비(2조 7,990억원) 폭증한 수치였는데, 이듬해 바로 7조원대로 곤두박질쳤다.

성적표 공개 안 하는 기업은 즉시 상장폐지

성적이 낮으면 부모님에게 보여주기 싫듯, 기업도 실적이 안 좋으면 투자자에게 숨기고 싶을 것이다. 만약 기업이 실적을 공개하지 않는다면 어떻게 될까?

우리나라 주식시장에 상장된 기업은 한 분기나 반기가 종료되면 이로부터 45일 이내에, 한 해(회계연도)가 종료되면 90일 이내에 실적을 발표해야 한다. 각각 분기보고서, 반기보고서, 사업보고서를 공시해 실적을 밝히는 것이다. 예컨대 12월 결산법인 기준으로 1분기 실적은 분기 보고서를 통해 3월말로부터 45일이 지난

5월 중순까지 공시해야 하며, 한 해를 결산한 실적은 사업보고서를 통해 12월말로부터 90일 이내인 3월말~4월초까지 제출해야 한다.

분기·반기·사업보고서 제출은 의무다. 주요기업이 성적표를 보여줘야 투자자들도 내 돈을 맡길지 말지를 결정할 수 있기 때문이다. 그래서 한국거래소는 분기·사업보고서를 늦게 낸 상장사의 경우 관리종목으로 지정해 지켜본다. 만약 제출기한으로부터 10일 이내에도 제출하지 않는다면 즉시 상장폐지 절차에 들어간다.

다만 상장사 중에서는 보고서를 제출하기 전에 잠정실적을 미리 밝히는 경우도 있다. 완전히 결산이 끝나지 않아서 변동이 있을 순 있지만, 이번 분기에는 이만큼 돈을 벌었다는 것을 미리 투자자에게 고지하는 것이다. 삼성전자나 LG전자와 같은 규모가 큰 회사의 경우 대부분 매 분기 잠정실적을 발표한다.

선물옵션 만기엔
조심하라던데, 왜죠?

선물과 옵션을 거래하는 투자자는 만기가 되면
자신의 성적표를 받아들 수밖에 없어. 성적표를 받아보기 직전에
조금이라도 성적을 올리려는 투자자가 많다 보니 주식시장은 흔들리지.

주식시장에도 '마녀의 날'이란 할로윈 데이가 있다. 선물 만기일과 옵션 만기일이 겹치는 날이다. 코스피200 선물·옵션, 미니 코스피200 선물·옵션, 코스닥150 선물, KRX300 선물, 변동성 지수 선물, 섹터지수 선물, 개별주식 선물, 개별주식 옵션 등이 동시에 만기가 도래한다.

주가 지수 옵션, 주식 옵션은 매월 두 번째 목요일에 만기일이 돌아오고 주가 지수 선물, 주식 선물은 3, 6, 9, 12월 두 번째 목요일에 만기가 된다. 그러니 '마녀의 날'은 3, 6, 9, 12월 두 번째 목요일이 된다. '마녀의 날'은 주가가 장 마감을 앞두고 어느 방향으로 갈지 예상하기 어려워 마녀들이 심술을 부린다는 뜻에서 붙여졌다.

만기일은 선물·옵션 투자자들의 성적표 공개 날

선물은 코스피200지수나 개별주식을 만기일에 사전에 정한 가격에 사거나 팔기 위해 매매하는 상품이고, 옵션은 코스피200, 개별주식을 만기일에 사거나 팔 수 있는 권리를 매매하는 상품이다.

삼성전자 주가가 5만원에서 5만 3천원으로 오를 것 같아 6월 만기일에 5만원에 삼성전자를 사는 선물 매수 거래를 했다고 하자. 그런데 정작 만기일에 삼성전자 주가가 4만 9천원에 불과하다면 선물 매수자는 1천원 손실이 발생한다. 반면 선물 매도자는 4만 9천원보다 더 비싼 5만원에 삼성전자를 팔 수 있게 되니 1천원만큼 이득이다.

6월 만기일에 삼성전자를 살 수 있는 권리를 매수한 콜옵션 매수자는 어떨까? 콜옵션 매수자는 500원을 콜옵션 매도자에게 주면서 만기일에 5만원에 삼성전자를 살 수 있는 권리를 매수했다. 그런데 만기일에 삼성전자가 4만 9천원으로 떨어졌다면 1천원 손실을 보느니 계약금 성격의 500원만큼만 손실을 보면 된다. 콜옵션 매수 권리를 포기하는 것이다. 반면 콜옵션 매도자는 500원 이득이다.

삼성전자를 5만원에 팔 수 있는 권리를 매수한 풋옵션 매수자는 만기일에 삼성전자가 4만 9천원이 되었으나 5만원에 팔 수 있는 권리가 있으니 1천원 이득이다. 반면 풋옵션 매도자는 1천원 손실이다. 물론 계약금을 주고받은 것을 고려하면 풋옵션 매수자는 500원 이득, 풋옵션 매도자는 500원 손실이다.

선물, 옵션을 거래한 후 중간에 반대매매를 통해 청산할 수도 있지만 만기일까지 기다렸던 투자자에게 이날은 자신들의 투자 성적표가 결정되는 날이기도 하다. 선물, 옵션 투자자는 만기일 지수와 주가의 종가에 따라 이익과 손실이 결정된다.

선물 매수자, 콜옵션 매수자, 풋옵션 매도자는 만기일에 지수나 주식 가격이 올라야 이익을 보는 반면 선물 매도자, 콜옵션 매도자, 풋옵션 매수자는 지수, 주가가 하락해야 이득을 본다. 특히 선물, 옵션은 매수자가 이득을 보면 반대로 상대편 매도자가 동일한 금액만큼 손실을 보는 제로섬 게임이니 장 마감을 앞두고 눈치 싸움이 치열해질 수밖에 없다. 만기일에는 예상치 못한 매매 물량이 쏟아져 나올 수 있기 때문이다.

연초부터 프로그램 매매로 코스피200현물을 사고 코스피200선물을 파는 매수차익 거래를 해 온 투자자가 있다고 하자(프로그램 매수 차익 거래). 이 투자자는 3월 만기 때도 현물을 팔지 않고 그대로 보유한 채 코스피200선물 3월 만기물을 6월물로 교체하는 거래를 했다. 그러다 보니 거의 반년간 쌓인 프로그램 매수 차익 규모가 상당하다. 이 물량이 6월 만기일에 한꺼번에 쏟아지면서 반대매매로 청산된다면 코스피200선물에선 매수 거래가 나오겠지만 코스피200현물에선 대규모 매도가 나올 것이다. 대형주 위주의 프로그램 매도가 나타날 경우 개별 주식뿐 아니라 주가 지수도 끌어내릴 수 있다.

반대로 프로그램 매도차익 거래(현물 매도, 선물 매수) 규모가 크게 쌓여 있는 상태에서 만기일에 청산이 이뤄진다면 코스피 200선물에선 매도가, 코스피200현물에선 매수가 이뤄질 테니 코스피200지수는 상승하는 방향으로 무게가 실릴 것이다.

이렇게 선물, 옵션 만기일로 인해 지수나 주가가 크게 흔들리는 현상을 꼬리가 몸통을 흔든다는 뜻의 '웩더독(Wag the Dog)'이라고 한다. 선물, 옵션은 코스피200지수, 주식 등 현물 시장에서 파생되어 나온 파생상품인데 이들의 영향력이 커지면서 본체인 현물 시장을 좌우하게 된다는 의미다.

만기일 종가가 중요한 만큼 보통 때 선물, 옵션 거래 시간은 오전 9시부터 오후 3시 45분까지다. 하지만 만기일에는 특별히 오전 9시부터 오후 3시 20분까지만 거래된다. 선물, 옵션 거래가 현물 종가에 영향을 줄 수 있으니 종가 결정을 위한 단일가 매매가 시작되기 직전에 마감되는 것이다.

우리나라는 한때 파생상품 시장 규모가 세계 1위였다. 그러나 선물, 옵션을 하다 쪽박 차는 개인투자자들이 늘어나자 2011년 '파생상품 건전화 조치'로 선물, 옵션투자자를 일정 조건을 갖춘 투자자로 제한하면서 파생상품 시장이 크게 위축되었다. 파생상품 시장이 위축된 데다 저성장 구조에 국내 증시의 변동성이 줄어들자 마녀의 날이 갖는 영향력도 줄어들었다. 선물, 옵션 투자법은 제6장에서 더 자세히 설명한다.

공매도가 개미지옥이라던데
정말 그런가요?

없는 주식을 판다니 공매도는 정말 주식시장의 적이 아닐까?
아니! 사실은 공매도가 주식시장에 주는 순기능도 있어.
공매도를 잘 살펴보면 나쁜 종목을 피해갈 수 있지.

신종 코로나 바이러스로 인한 주식시장 폭락이 계속되자 금융당국이 가장 먼저 내놓은 대책 중 하나는 공매도를 한시적으로 금지하는 것이었다. 주가를 내리는 주범 중 하나가 공매도라는 수많은 개인투자자의 원성을 고려한 조치다. 이후 6개월의 금지시한이 지나 금융당국이 공매도 재개여부를 논의하자 개인투자자들은 거세게 반발했다. 정부가 부동산 규제를 강화하면서 부동산투자도 막혔는데 주식투자로 돈 버는 것마저 막을 거냐는 논리였다.

주식을 하는 사람이라면 으레 정부와 공매도에 대해 욕을 할 수밖에 없다는데, 도대체 공매도가 무엇이기에 이리도 욕을 먹는 것일까?

외국인과 기관이 공매도로 합세해 주가 내린다?

공매도란 쉽게 말해 '없는 것을 판다'는 의미로, 주식을 빌려 시장에 판 뒤에 주가가 떨어지면 다시 사들여 되갚는 투자기법을 말한다.

현재 주가가 1만원인 A종목이 떨어질 것 같으면 10주(10만원어치)의 주식을 빌려 매도한 후 10만원의 현금을 주머니에 넣고, 나중에 5천원으로 떨어질 때 10주(5만원어치)를 다시 사서 돌려주면 내 주머니엔 현금 5만원이 남는다. 즉 하락장에 베팅해 수익을 내는 기법이다.

내가 투자한 종목의 주식을 빌려와 다짜고짜 팔아버린다니 불쾌한 일이 아닐 수 없다. 심지어 이 공매도에 참여하는 투자자는 외국인과 기관이 99%다.

보통 외국인과 기관은 대량의 주식거래를 하기 때문에 가진 주식이 많은데, 이를 가만히 두기보다는 일정 수수료를 받고 다른 외국인과 기관에 빌려주곤 한다. 하지만 개인은 상대적으로 담보가 불확실하고 자금력이 딸리는 탓에 주식을 빌려오기가 어렵다. 개인이 주식을 빌릴 수 있는 플랫폼이 있지만 주식 물량이 턱없이 적어 활성화되지 않는 게 현실이다. 외국인과 기관이 합세해 주가를 내려 힘 없는 개인이 피해를 입는다는 풍문은 이렇게 탄생한 것이다.

금융당국 역시 개인투자자가 공매도에 참여하기 어려운 '기울어진 운동장' 문제를 잘 알고 있다. 그래서 매번 이를 시정하겠다고 하지만 좀처럼 고쳐지지 않는 게 현실이다.

공매도, 주가 거품 꺼뜨리며 제값 찾아주는 역할도

이렇게만 보면 공매도는 자본시장의 적과 다름없다. 그럼에도 전 세계 대부분의 금융당국이 공매도를 허용하는 이유가 있다. 공매도가 주식의 제값을 찾아주는 기능을 하기 때문이다.

예컨대 B종목의 주가가 현재 1만원인데 이 회사에 문제가 생겨 당분간 제품생산이 어려워졌다 치자. 생산 차질을 고려하면 주가는 7천원까지 떨어져야 맞지만, 투자자들이 손실을 피하기 위해 무작정 버티기에 나서기 때문에 주가는 느리게 떨어지곤 한다. 떨어져야 할 주가가 떨어지지 않는 사이 주가엔 거품이 낀다. 이 과정에서 몇몇 투자자는 '주가가 크게 안 떨어지는 걸 보니 이 종목을 사도 되는 것 아니냐'는 그릇된 의사결정을 내리기도 한다. 공매도는 이 거품이 낄 새도 없게끔 B종목의 주가를 7천원까지 끌어내리며 적정 주가를 찾아준다.

낙관론자라면 주식을 사서 B종목에 투자할 수 있다. 그러나 비관론자는 미리 그 종목을 보유하고 있지 않는 이상, 공매도라는 제도가 없으면 B종목에 애초에 진입조차 하지 않으려 할 것이다. 어디든 찬성과 반대가 조화를 잘 이뤄야 균형을 잡을 수 있듯, 시장도 비관론자와 낙관론자가 섞여야 중심을 잡을 수 있다. 따라서 비관론자도 종목에 참여할 수 있게 만든 제도가 바로 공매도인 것이다.

또 현금으로 빚을 내서 주식을 사는 것이 투자자에게 자연스러운 일인 만큼, 내가 빚을 내 산 주식을 먼저 파는 것도 그만큼 당연한 일이다. 빚을 갚을 수만 있다면 빚을 내 주식을 사든 팔든 모두 문제가 되지 않는다. 공매도 세력도 당연히 차후엔 빌린 주식을 갚아야 한다.

공매도 세력이 모이는 종목엔 이유가 있다

2020년초 미국 머디워터스(Muddy Waters)란 미국의 헤지펀드는 당시 '중국의 스타벅스'라고 불리며 주가가 폭등하던 루이싱커피에 대해, 지나치게 매출을 조작하고 있다는 내용의 보고서를 공개하는 동시에 공매도에 나선 바 있다. 몇 달 뒤 이 의심이 맞았다는 게 밝혀지며 주가가 폭락했고, 급기야 나스닥 시장에서 상장폐지되기에 이르렀다. 머디워터스가 루이싱커피의 제값을 찾아준 셈이다.

이처럼 공매도 투자로 유명한 몇몇 기관은 공매도와 동시에 '왜 이 주식의 가격이 내려야만 하는지'를 설명한 보고서를 내며 시장을 납득시키려 한다. 그 논리대로 주가가 내려야만 돈을 버니까 말이다.

만약 누군가 그 보고서를 읽고 수긍했다면 주가가 본격적으로 내리기 전에 주식을 팔아 손실을 피할 수 있지 않았을까? 현명한 투자자라면 그저 공매도를 욕할 게 아니라, 내 종목에 공매도가 왜 몰리는지를 돌아보고 투자를 재점검할 기회로 삼아야 바람직할 것이다.

주주들끼리 싸움이 붙었는데
왜 주가가 오르죠?

주식시장에서 싸워서 이기려면?
시장에 널린 주식을 사들여 쪽수를 늘리거나 혹은 소액주주를 꼬셔
제 편으로 만들거나! 그 과정에서 주주들은 이득을 보는 경우가 많다!

세상에서 제일 재미있는 구경이 싸움 구경이라는데, 주식시장에선 특히 그렇다. 주주들끼리 싸우기 시작하면 이상하게 그 종목의 주가가 오르기 때문이다. 주주가 싸우면 주가가 올라가는 현상, 사실 여기엔 상식적 이유가 존재한다.

쪽수 늘리려고, 주식 사거나 소액주주 꼬시거나

주주들끼리의 싸움에서는 지분율을 얼마나 가져갈 수 있는지에 승패가 갈린다. 주식회사의 모든 일은 주주총회에서 결정되고, 주주의 동의 없이는 어떠한 안건도 통과될 수 없다. 지분율을 높

여서 찬성투표율을 높여야만 싸움에서 이길 수 있는 것이다.

그래서 주요 주주들끼리 싸우면 서로 주식을 매입하려고 든다. 주식은 한 주당 한 표의 의결권을 가지니까 경쟁적으로 주식을 많이 사들여서 이기려고 하는 것이다. 그런데 주식은 기업 가치와 무관하게 수요와 공급에 따라서 가격이 결정되기도 한다. 주식을 사려는 수요가 증가하면 주가는 자연스레 올라간다. 지분확보 경쟁으로 주가가 올라가는 원리는 여기에 있다.

직접적으로 주식을 사들이지 않아도 찬성투표율을 올리는 또 하나의 방법이 있다. 바로 이미 주식을 들고 있는 소액주주를 내 편으로 만들어 이들이 나에게 한 표를 행사하게 만드는 것이다. 그러기 위해서는 소액주주가 혹할 만한 조건을 제시해야 한다. 배당을 많이 주겠다거나, 오랫동안 주가를 억누르고 있는 외부 사업을 접겠다는 식의 공약을 내거는 것이다. 소액주주를 꾀기 위해선 주주에게 우호적인 공약을 내걸 수밖에 없으니 주가는 또 오를 수밖에 없는 것이다.

실제 '한진가 남매의 난'으로 알려진 한진칼 경영권 분쟁을 보자. 2020년 한진그룹의 경영권을 두고 3자연합(사모펀드 KCGI·조현아 전 대한항공 부사장·반도건설)과 한진그룹 측(조원태 한진그룹 회장·델타항공 등)이 대한항공의 지주회사인 한진칼의 지분확보에 경쟁적으로 나서며 주가가 폭등했다.

심지어 한진그룹 측은 소액주주를 자신의 편으로 끌어들이기 위한 공약도 내걸었다. 호텔·레저 등 돈 먹는 사업들을 정리하는 한편, 대표이사와 이사회 의장직을 분리해 경영을 감시하는 이사회의 역할을 더욱 강화하겠다고 밝힌 것이다. 이러한 공약들은 기업가치를 높여 주가를 끌어올릴 수 있는 요인으로 작용했다.

분쟁 끝나면 주가는 빠르게 제값 찾아간다

경영권 분쟁이 일어나면 주가가 오르기 마련이기에, 투자자들은 경영권 분쟁 자체를 호재로 여기고 주식을 사들이려고 한다. 이렇듯 투기적 세력이 모이면서 주가는 비정상적인 급등세를 보이기도 한다. 그러나 경영권 분쟁이 마무리되거나 큰 소득 없이 끝나게 되면 주가 거품은 빠르게 꺼진다는 사실에 유의해야 한다.

롯데의 '형제의 난'이 대표적이다. 2020년 4월말 신동주 SDJ 코퍼레이션 회장(전 일본 롯데홀딩스 부회장)이 신동빈 롯데 회장의 일본 롯데홀딩스 이사직 해임안을 포함한 주주제안서를 제출했다는 소식이 전해졌다. 이 소식이 전해진 당일엔 주가가 상한가까지 치솟았다. 그러나 이후 별다른 진전이 없고 해프닝으로 끝날 가능성이 높아보이자 주가는 꾸준히 내리막길을 걸었다.

그래서 언제
주식시장에 진입하면 되죠?

주식으로 돈을 벌고 싶다면 대세 상승기에 시장에 들어오렴.
그래야 손해를 볼 가능성이 적어진단다. 그런데 대세 상승기를 어떻게 판단하냐고?
이번 코너를 잘 따라와 봐!

　　백화점, 면세점 등에 가서 쇼핑을 할 때 가장 많이 돈을 쓰게 되는 때는 언제일까? 세일할 때? 그런데 세일 시즌에 가보면 알겠지만 정작 맘에 드는 예쁜 물건이 없을 때가 많다. 그러다 어느 날 백화점에 가보면, 안 사면 꿈에 나와버릴 것만 같은 옷, 신발, 가방 등이 눈에 밟힐 때가 있다.

　　때마침 주머니에 돈도 넉넉하다면 그야말로 플렉스(Flex)다. 플렉스는 힙합 노래에 자주 인용되며, '부를 과시하다'란 의미로 큰 돈을 써서 구입한 물건을 자랑할 때 사용하는 신조어다. 돈만 있어도 안 되고 예쁜 물건만 있어도 안 된다. 2가지 조건이 모두 충족되어야 한다.

증시도 플렉스 시즌이 있다. 증시로 돈이 계속 들어오면서 주가가 상승하는 이른바 '대세 상승기'다. 대세 상승기는 어떻게 포착할까? 경기 지표가 안 좋다고 언론에서 계속 떠들어대는데도 금리는 낮고, 갈 곳 없는 돈은 언제든 쉽게 현금화가 가능한 증시로 들어온다. 대세 상승기의 초입이다.

반대로 대세 하락기를 예측하는 방법은 없을까? 언론에선 수출, 고용 등의 지표가 사상 최고치를 찍었다며 경기 회복에 샴페인을 터뜨리기 시작한다. 그런데 이상하게 주가는 하락한다면 약세장 진입 초반으로 해석할 수 있다.

증시가 대세 상승기 또는 대세 하락기에 진입할 때 주변에 어떤 신호음들이 울리는지를 잘 파악만 해도 주식을 언제 사야 할지, 팔아야 할지 예측할 수 있다.

상승기와 하락기의 신호음들

강세장과 약세장을 구분해 이론화한 '다우 이론'이 있다. 월스트리트저널을 창간한 찰스 다우가 고안한 이론이다. 이는 크게 6가지 국면으로 나뉜다.

첫 번째는 강세장 태동기다. 전반적으로 경기나 기업 실적이 어둡고, 언론엔 부정적인 기사가 가득하다. 금리가 낮고 시중에 유동성은 풍부한데 주가가 오를 것 같지 않아 실망한 투자자들이 주식을 팔기 시작한다. 그런데 거래량은 줄어들지 않고 일반투자자가 판 주식을 전문투자자들이 서서히 주워 담기 시작한다. 동트기 전이 가장 어둡다고 하는데 바로 이 시기가 그러한 때이다.

두 번째는 경기와 기업 실적에 대한 기대감이 서서히 높아지기 시작하는 시기다. 이 시기에는 주가가 오르는 것이 눈에 보이기 시작해, 일반투자자들도 주식에 관심을 갖고 매수한다. 경기 개선 기대에 금리가 바닥을 찍고 반등한다.

세 번째는 주식 초보자들도 증권 계좌를 트면서 주식투자에 대한 관심이 가장 높아지는 시기다. 경기지표도 개선되고 주가도 연일 높아져 언론에 대서특필된다. 증시는 악재에 둔감해진다. 주변엔 강세론자들이 넘친다. 그러나 이때 주식에 잘못 투자했다간 상투 잡기 쉽다.

네 번째는 약세장 초입기다. 전문투자자들은 주가가 고점을 찍었다고 판단해 서서히 매도에 들어간다. 경기 지표는 아직까지 좋기 때문에 일반투자자들은 주가가 떨어지면 당황하기 시작한다. 중앙은행은 기준금리 인상을 검토하고 금리가 상승한다. 악재에 둔감해졌던 시장이 점점 악재를 의식하기 시작한다.

다섯 번째는 악재들이 하나둘씩 현실화되어 실제로 경제 지표나 기업 실적이 나빠지는 때다. 이 시기에는 경기둔화에 대한 우려가 커지고 주식을 팔려는 세력이 늘어나면서 주가가 폭락한다.

마지막은 침체기다. 주가 폭락세는 멈췄지만 상승 기미는 보이지 않고 거래량이 감소하면서 전형적인 약세장이 나타난다. 주식에 대한 투자 매력이 가장 떨어지는 시기다.

다우 이론에서 증시는 6가지 국면으로 강세장과 약세장이 반복된다. 이 기간이 얼마 주기로 반복될지는 경기 흐름과 기업 실적에 달려 있다.

그러나 실제 대세 상승기, 대세 하락기를 예측하는 것은 쉽지 않다. 그래서 증권시장에선 이런 얘기들이 오간다. 주변 사람 10명에게 '주가가 떨어질 것 같은지, 오를 것 같은지'를 물어보는 것이다. 10명 중 9명이 주가가 오를 것 같다고 답하면 주식을 팔아야할 때이고, 반대로 주가가 하락할 것 같다고 답하면 주식을 사야할 때라고 한다. 투자자 다수가 생각하는 것과 반대로 행동해야주식시장에선 돈을 벌 수 있다는 뜻에서 나온 얘기다.

박스권 하단에선 '매수', 상단에선 '매도'

증시가 흐름을 갖고 움직일 때도 있지만 일정 구간을 벗어나지 못하는 '박스권'에 갇혀 있을 때도 있었다. 2012년부터 2016년까지 무려 5년간 코스피 지수는 1800~2200선 사이에서만 움직였다. 박스권 학습 효과에 익숙해진 투자자들은 코스피 지수가 1800선까지 내려왔을 때는 '주식 매수'를, 2200선까지 올라서면 '주식 매도'를 했다.

2008년 글로벌 금융위기 이후 구조적 저성장이 가시화되었다. 경제성장률은 2010년 6.8%에서 2011년 3.7%로 떨어지더니그 뒤론 잘해야 3% 초반에 불과했다. 기업 실적은 코스피 상장회사 기준으로 2011년부터 2016년까지 80조원 안팎에서 정체되었다. 코스피 지수 역시 이를 반영해 박스권에 머물렀다. 그러다 반도체 업황이 최대 호황기를 맞으면서 삼성전자를 중심으로 2017년 순이익 100조원을 사상 처음으로 돌파하면서 증시도 박스권을 탈출했다.

그러나 기뻐할 수만은 없었다. 이 당시 삼성전자, SK하이닉스 등 반도체 회사만 이익이 늘어났을 뿐 두 회사를 제외하면 나머지 회사들은 이익이 오히려 감소했기 때문이다. 반도체 업황이 꺼지면서 증시는 다시 박스권 장세로 돌아갔다.

박스권 장세는 지루하고 재미없어 우리나라 증시 자체에 대한 투자 매력을 떨어뜨린다. 경제 또한 활력이 떨어지고 기업 실적도 정체된다는 의미이기 때문에 결코 긍정적이지 않다.

세계의 주식시장은
유기체처럼 연결되어 있다

증시는 어떤 것에 의해 움직일까? 바로 그 나라의 경제, 기업 실적 그리고 매매 주체들의 투자심리에 의해 좌우된다. 그런데 지구는 24시간 돌아가고 '세계화'로 각 나라는 유기체처럼 연결되어 있다. 한 나라에서 벌어지는 어떤 일이 다른 나라에도 상당한 영향을 미친단 얘기다. 이는 기업 실적, 경제, 증시로도 연결된다.

중국에서 철강 소비가 크게 줄어들면 지구 반대편에 있는 호주 경제가 휘청거린다. 호주는 철강 원료인 철광석 최대 생산국이고, 중국은 철광석 생산국이기도 하지만 그와 동시에 세계 최대 철광석 소비국이기도 하다. 중국은 모자란 철광석 수입의 절반 이상을 호주에서 하기 때문에 중국 철강 소비량은 호주 철광석 업체의 실적, 나아가 호주의 경제성장률과 환율, 증시 등 금융시장 곳곳에 영향을 미친다.

그렇다면 우리나라 경제는 어떤 나라와 가장 많이 얽혀 있을까? 우리나라는 수출로 먹고 사는 나라다. 전체 수출의 4분의 1가량을 중국에 하고 13%가량을 미국에 한다. 전체 수출액의 40%가 중국, 미국으로 가는 것이다. 나머지는 일본, 아세안, 유럽연합(EU) 등에 수출한다. 중국, 미국 경제가 잘 돌아가고 소비가 늘어나야 우리나라 역시 수출을 통해 기업 실적이 개선되고 증시가 올라가게 된다. 그러다 보니 우리나라 증시는 때론 미국 뉴욕증시 또는 중국 상하이종합지수에 영향을 받으며 움직인다.

2019년 미국과 중국이 관세율을 높이며 무역분쟁을 벌였을 때 싸움의 당사자인 미국, 중국 증시는 20~30%대로 오르는데 우리나라 증시는 고작 7%대로 상승하는 데 그쳤다. 코스피 상장사의 순이익이 전년 대비 반토막나기도 했다.

미국과 중국의 무역갈등이 전 세계적인 보호 무역주의로 이어지면서 수출이 10%가량 줄어든 영향이다. 수출의 5%를 차지하는 일본 역시 우리나라에 IT부품 수출을 하지 않겠다고 선언해 일본 제품 불매운동이 불기도 했다. 반면 내수 경제 중심인 인도는 우리나라보다 두 배 높은 증시 상승률을 보였다.

우리나라 증시에 투자하는 사람들이 어떤 마음을 갖는지도 중요하다. 투자에는 국경이 없다. 우리나라 코스피 시가총액의 3분의 1 이상을 외국인이 보유하고 있다. 미국, 유럽, 중동 등 외국인 자금이 어떻게 움직이느냐가 증시의 방향성을 결정하기도 한다. 우리나라 증시는 신흥국 증시에 속해 있고 외국인들이 신흥국을 어떻게 바라보느냐에 따라 자금이 들어오거나 나간다.

신흥국 경기와 상관없이 자금이 움직일 수도 있다. 전 세계 자금줄에 상당한 영향을 미치는 미국 중앙은행인 연방준비제도(Fed)가 금리를 조정할 때가 그 예다. 연방준비제도가 국채를 매입해 돈을 풀어대느냐, 아니면 쪼이느냐에 따라서도 외국인들의 투자심리가 바뀌기도 한다. 연준이 돈을 풀면 신흥국으로도 자금이 들어올 수 있으나 돈을 죄면 신흥국보다 상대적으로 안전한 선진국 증시를 더 선호할 가능성도 있다.

또 위안화는 대표적인 신흥국 통화인데 위안화가 폭락할 경우 원화에도 영향을 미쳐 원화 약세 현상이 벌어지면서 외국인들이 우리나라를 바라보는 시각이 나빠질 수도 있다. 이런 경우 중국과 우리나라 증시가 함께 움직이는 동조화 현상(커플링, coupling)이 일어나게 된다.

투자자들의 투자심리는 아시아 증시, 유럽 증시, 미국 증시를 24시간 오가면서 반영된다. 우리나라를 기준으로 보자. 우리나라는 오전 9시부터 오후 3시 30분까지 정규장이 열린다. 시차가 없는 일본은 9시부터 오후 3시까지 장을 열고 우리나라보다 한 시간 느린 중국, 홍콩은 우리나라 시각으로 오전 10시 30분에 개장해 각각 오후 4시, 5시에 문을 닫는다.

영국, 독일 등 유럽 증시는 우리나라 시각으로 오후 5시 열려 새벽 1시 30분에 문을 닫는다. 미국 뉴욕증시는 밤 11시 30분에 문을 열어 그 다음날 오전 6시에 문을 닫는다. 유럽, 미국증시는 서머타임 기간에는 거래시간이 한 시간씩 앞당겨진다. 미국은 3월 두 번째 일요일에 서머타임이 시작돼 11월 첫 번째 일요일 끝나고, 유럽은 3월 마지막주 일요일에 시작돼 10월 마지막주 일요일에 끝난다.

아시아장이 열리는 동안 악재가 발생하면 아시아장이 하락할 것이고, 그 다음에 열리는 유럽 증시, 뉴욕 증시에 순차적으로 반영되어 전 세계 증시가 다 같이 폭락한다. 반대로 증시를 지배하는 키워드가 각 나라의 이해관계에 따라 각기 다르게 반영되어 증시 차별화가 나타날 수도 있다. 각국의 증시 방향성이 서로 달라지는 것을 역동조화 현상(디커플링, decoupling)이라고 한다.

2019년 미국과 중국 간 무역분쟁 당시 우리나라와 똑같이 수출로 먹고 사는 데다 우리나라보다 중국에 대한 의존도가 더 높은 대만의 가권지수는 23%가량 상승해 30년 만에 처음으로 1만 2000선을 넘어섰다. 세계적인 반도체 기업인 대만 TSMC가 중국에서 철수해 대만에 공장을 지은 데다 미국 내 중국산 제품이 대만산으로 대체되면서 미국으로의 수출이 증가했기 때문이다. 당시 우리나라 대중, 대미 수출이 모두 감소했던 것과는 상반된다. 증시 역시 이런 상황을 반영해 차별화가 나타났다.

주식차트를 처음 열어본 나. 빨간색과 파랑색의 봉. 봉 위아래로 길게 뻗은 꼬리, 그리고 그 근처를 지나가는 기다란 색색깔의 선이 눈을 사로잡는다. 누군가는 이 차트만 잘 봐도 주식으로 돈을 벌 수 있다는데 정말일까? 차트는 과거 주가가 어땠는지, 투자자들은 어떤 매매 패턴을 보이고 있는지 등을 분석하고 예측해주는 수단이 될 수 있으니 잘 활용하는 게 좋다. 빠르게 치고 빠지는 단기투자를 고민한다면 차트 분석은 기본 중에 기본!

5장

차트가
언제 사고팔지를
알려준다고요?

정말 기술적 분석이
필요한가요?

기술적 분석은 주가가 오를지 말지를 확률적으로 보여준다.
단 확률은 확률일 뿐, 기술적 분석이
항상 답이 아니라는 점에 주의해야 한다고!

서울에서 부산을 간다고 하자. 경부고속도로를 타야 할까? 길이 막힌다면 좀 멀리 돌아가더라도 국도가 낫지 않을까? 실시간으로 교통 정보를 받아 알려주는 인기 내비게이션 앱을 활용해보자. 그 앱은 경부고속도로로 가라고 안내할 것이다. 운전자는 앱이 알려준 대로 경부고속도로를 탈까?

그런데 생각을 해보자. 인기 앱이라서 서울에서 부산으로 가는 운전자는 대부분 경부고속도로를 이용할 것이다. 그러다 보면 고속도로가 막힌다. 명절, 휴가철마다 내비게이션 앱이 안내한 대로 갔다가 망한 경험까지 있다면 아마 이 운전자는 앱이 알려준 고속도로 대신 국도를 탈 확률이 높다. 서울에서 부산까지 간다는 목적지는 같다. 그러나 그 목적지로 가는 길은 제각각이다.

　주식 역시 마찬가지다. 경기가 회복되고 A기업의 실적이 좋아져 주가가 많이 오를 것 같다는 생각이 든다. 그렇다면 A주식을 언제 사야 할까? 반대로 A주식을 팔고 싶다. 언제 팔아야 가장 많은 이익을 얻을 수 있을까?

기술적 분석이란 무엇인가?

　앞으로의 경기나 기업 실적이 어떻게 될 것인지를 예측해 주식을 매매할 수도 있지만 과거 주가가 어땠는지, 투자자들은 어떤 매매 패턴을 보이고 있는지 등을 분석하고 예측해 주식을 매매할 수도 있다. 전자를 기본적 분석이라고 하고, 후자를 기술적 분석이라고 한다.

　기본적 분석이 매매할 종목을 선택하는 데 유용하다면 기술적 분석은 해당 종목을 언제 살지, 언제 팔지를 정하는 데 좀더 유용하다.

　기술적 분석만 따져서 주식을 매매하는 경우도 많은데 이는 단기투자에 그쳐야 한다. 기술적 분석만 따질 경우 잘못하다간 조만간 상장폐지 될 종목에 투자할 수도 있기 때문이다.

　기술적 분석은 쉽게 말하면 과거 주가의 움직임과 거래량 등을 그림으로 나타내고, 그 그림을 통해 매매 타이밍을 예측하는 것을 말한다. 하루, 일주일, 월 단위의 주가 흐름을 막대기로 표현하면 '봉'차트가 되고, 주가가 일정 기간 어떻게 움직였는지 평균을 내고 그것을 선으로 이으면 '이동평균선'이 된다.

주가 흐름을 보고 주가가 어느 정도 선까지만 오르고 더는 못 오르겠다고 판단할 수도 있고, 이 선까지는 안 떨어질 거라고 생각할 수도 있다. 거래량이 갑자기 늘어났다면 매수 신호, 줄어들었다면 매도 신호로 읽힐 수 있다.

A주가가 상장 이후 사상 최고치를 기록했다. 투자자들은 두 가지 생각을 하게 된다. '너무 올랐는데⋯ 곧 떨어지겠어', '계속 오르겠는데⋯ 지금이라도 사야 하나' 홀짝 게임처럼 절반의 확률이라고 생각할 수 있지만 과거의 주가 흐름, 매매 패턴을 분석해보면 어느 한 쪽의 확률이 좀더 높다는 것을 경험적으로 알 수 있다.

주가가 계속 하락해왔는데 갑자기 봉차트에서 '망치[종가가 시가보다 높으면서 꼬리(저가)가 길게 형성된 모양]'가 나타난다면 투자자들은 오랜 경험에 의해 '주가 하락이 곧 멈추겠다'고 생각할 것이다.

또한 주가가 이동평균선에서 너무 벗어나 올라와 있다면 조만간 이동평균선으로 돌아갈 것이라고 예측할 수 있다. 주가가 저항선을 넘겨 상승한다면 당분간 추가 상승이 이어지겠다고 판단할수 있다. 다만 이는 과거 경험상 그럴 확률이 높다는 것일 뿐, 반드시 정답은 아니다.

매매타이밍은 기술적 분석으로

주식시장은 다양한 사람들이 모여 있는 집합체이기 때문에 본질가치가 1만원짜리인 주식이 반드시 1만원에 거래되진 않는다. 어떤 사람은 그 주식을 8천원이라고 생각하고 또 다른 사람은 1만 2천원이라고 생각한다. 이런 갖가지 생각이 모여 주가가 매일 변동한다.

A기업의 실적이 앞으로 좋아질 것이라고 예상하는 사람들이 전체의 90%라고 가정해보자. 그렇다면 A기업의 주가는 계속 올라야 할 텐데 실상은 그렇지 않다. A기업의 주가가 1년 뒤 두 배 올랐다고 해도 그 과정에선 수많은 상승과 하락을 반복한다. 1년간 기술적 분석에 의한 상승과 하락 신호를 반복하며 주가가 지지선을 형성하고, 저항선을 뚫고 다시 지지선을 형성했다가 저항선을 뚫는 과정을 반복한다.

기술적 분석에 의하면 주가가 떨어졌어야 하는 종목이 있는데 그 종목의 주가가 계속 오른다면 사람들의 심리는 상승쪽으로 무게가 실릴 것이고, 주가가 상승할 줄 알았는데 너무 폭락한다면 하락쪽에 더 무게가 실릴 수 있다. 거꾸로 '사야 할 타이밍'이라고 생각할 수도 있다. 주가는 이런 과정을 반복하면서 하나의 추세선을 형성한다. 이 추세선은 그 주가의 역사가 된다.

기술적 분석은, 역사는 늘 반복되고 경기가 좋아졌다 나빠졌다 하는 것처럼 주가도 그렇게 반복될 것이라는 믿음에서 비롯된 것이다. 그러나 실제 그런가. 그럴 수도 있고 아닐 수도 있다. 역사는 반복되기도 하지만 경제, 사회는 계속해서 변하고 새로운 역사를 써내려 간다.

한때 자동차, 휴대폰이 수출품 1위였고 관련 업체 주가가 올랐으나 이제는 온라인 플랫폼, 반도체 등 4차 산업혁명 관련주가 미래를 먹여 살릴 업종으로 떠오르고 있다. 그래서 과거 경험에 의한 미래 예측은 망망대해 같은 주식시장에 안도감을 주지만 동시에 불확실하다.

비가 오면 허리가 쑤시는 엄마는 오늘 허리가 쑤시면 내일 비가 올 것이라고 예측한다. 실제로 내일 비가 내릴 수도 있다. 그러나 엄마의 허리에 큰 질병이 생겨 툭하면 허리가 아픈 것일 수도 있다. 세상은 늘 변하기에 변화에 걸맞게 예측하고 판단하기 위해선 과거에만 머물러 있어서는 안 된다.

봉차트가
뭔가요?

주식시장의 1분 1초를 모두 기록하고 있는 게
촛불 모양처럼 생긴 이 하나하나의 봉차트야.
봉차트에서 길게 뻗은 꼬리는 그날 시장의 분위기를 보여준다네.

'주식' 하면 가장 먼저 떠오르는 그림이 바로 봉차트(캔들차트)다. 촛불 모양으로 생긴 빨갛고 파란 봉차트가 시계열에 따라 끊임없이 이어지는 모습. 이 봉차트가 모이면 주식이 오르내리는 추세를 보여주기도 하지만, 자세히 보면 하나하나의 봉차트에 주식시장의 1분 1초가 고스란히 기록되어 있는 것을 알 수 있다.

양봉과 음봉이란 무엇인가?

봉의 시작점은 장이 처음 열렸을 때 형성된 가격, 즉 시가다. 그리고 봉의 끝점은 그날 장에서 마지막으로 형성된 가격, 즉 종

■ 봉차트 구조

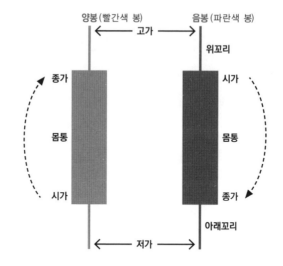

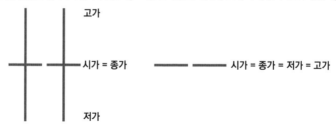

가가 된다. 시가가 종가보다 높게 마감하는 경우는 봉이 빨갛게 위로 솟은 양봉의 형태가 되고, 반대로 낮게 마감하는 경우는 봉이 파랗게 밑으로 내려가 음봉의 형태가 된다. 매분 매초 형성되는 주가에 따라 봉의 끝점이 아래위로 오가며 양봉과 음봉을 만들다가, 종가가 시가보다 높으면 양봉으로 끝나는 식이다.

봉차트만 봐도 하루 중 가격 변동을 알 수 있는 데다, 오늘 주가가 상승으로 끝났는지 하락으로 끝났는지도 파악할 수 있다. 그날 매수세가 꾸준히 들어왔다면 시가보다 종가가 훨씬 높을 것이기 때문에 높은 양봉, 매도세가 꾸준히 나왔다면 시가보다 종가가 훨씬 낮을 것이기 때문에 기다란 음봉이 내려온다.

장대양봉이면 그날의 매수심리가 장을 주도했다는 것을 보여주는 것이고, 장대음봉이면 매도심리가 종목을 지배했다는 것을 보여주는 셈이다.

꼬리가 말해주는 투자심리

봉 끝에 톡 튀어나온 꼬리는 그날의 투자심리를 보여준다. 예컨대 위꼬리가 나왔다는 것은 장이 열린 뒤 해당 종목을 긍정적으로 본 투자자들이 밀물처럼 매수했다가, 생각보다 좋지 않았음을 직감한 투자자들이 늘어나 매수세가 빠졌을 때 나오는 신호다. 즉, 위꼬리가 길수록 장중 실망감이 크게 퍼졌단 얘기가 된다. 장 초반엔 호재에 크게 반응하며 시가가 높게 형성되었으나 시간이 지날수록 주가가 낮아졌을 때 나오는 그림이다.

한편 아래꼬리가 길게 나왔다는 것은 그날 장중에 해당 종목을 안 좋게 보고 주식을 내다 판 사람이 그만큼 많았다는 것을 시사한다. 다만 아래꼬리가 길게 빠졌는데도 불구하고 양봉으로 끝난, 일명 '망치형'의 경우엔 장중에 매수세가 유입되며 주가가 플러스로 마감했다는 뜻으로, 반등을 예상하는 투자자가 그만큼 많단 얘기가 된다.

꼬리가 아래위로 긴 경우엔 그날 주가가 어떠한 이유 때문에 큰 폭으로 오르내렸다는 변동성을 시사한다.

한편 꼬리만 길고 봉이 나타나지 않는 십자형 도지가 나타날 수도 있다. 이 경우는 이날 시가와 종가는 같은데 하루 종일 주가가 아래 위로 오갔다는 얘기가 된다. 고로 매수세와 매도세가 균형을 이룰 때 주로 등장한다. 꼬리도 없는데 일자형 도지만 나타났다면 시가와 종가, 저가와 고가가 모두 같은 걸 의미한다. 빨간 일자형 도지는 보통 '쩜상'이라고 부르는 시가부터 종가까지 내내 상한가를 치는 경우, 파란 일자형 도지는 '쩜하'라고 부르는 내내 하한가를 치는 경우에 나타난다.

봉차트가 시사하는 매수와 매도의 적기

먼저 양봉을 보자. 만약 주가가 바닥을 기다가 긴 양봉이 나왔다면 바닥을 탈출할 수 있다는 신호로 받아들여진다. 그만큼 강한 매수세가 들어온 것이니 말이다. 다만 위로 꼬리가 달린 양봉이라면 고가에 매도하려는 세력이 있다는 뜻이니 주의가 필요하다. 특히 주가가 최근 큰 폭으로 올랐다면 반락의 신호로 받아들여지기도 한다.

반면 아래로 꼬리가 달린 양봉(망치형 양봉)이라면 저가에 매수하려는 세력이 있다고 받아들여진다. 단 최근 주가가 계속 하락추세에 있었다면 망치형 양봉을 탈출의 기회로 삼는 게 좋다.

다음은 음봉이다. 주가가 천정권에 있다가 긴 음봉이 나왔으면 하락 전환의 신호이므로 매도하는 게 좋다. 한편 위로 꼬리가 달린 음봉의 경우 고가에 매도세력이 존재한다는 뜻인데, 바닥권에선 상승전환에 실패했다고 보면 되고 천정권에선 주가가 떨어지는 시그널로 보면 된다. 또 밑으로 꼬리가 달린 음봉이라면 저가에 강력한 매수세력이 존재한다는 의미로 바닥권이라면 매수를 검토해 보는 것도 좋다.

양봉, 음봉 관계없이 꼬리가 위아래로 난 경우라면 아직 상승·하락세가 정해지지 않았다는 것을 의미한다. 따라서 추세가 어떻게 결정되는지를 바라보다가 합류하는 것이 낫다.

물론 봉차트는 매수·매도세를 보여주는 하나의 지표에 불과하므로 정답이라고 보기 어렵다. 따라서 이를 전적으로 믿기보단 여러 제반상황을 고려해서 매매하는 것이 좋다.

이동평균선으로 매매 시점을 알 수 있다고요?

내 주식은 상승 추세에 있을까, 하락 추세에 있을까?
추세를 가늠할 수 있게 만들어 주는 기준이
바로 이 이동평균선이라네.

    'A학교, B학교 중 어느 학교가 공부를 더 잘해?'라고 묻는 다면 무엇을 기준으로 답해야 할까? 어느 학교가 서울대를 많이 보냈는지가 기준점이 될 수도 있지만 보통은 학생들의 평균 점수가 얼마인지를 따질 것이다.

    평균 점수가 높다면 그 학교에선 웬만큼 공부해선 공부 잘한다는 소리를 듣기 어려울 것이다. 반면에 평균 점수가 낮다면 조금만 공부해도 상위권을 차지할 수 있을 것이다.

    평균은 그 학교 학생들의 수준을 가리키는 지표가 될 수 있다. 학생들의 평균 점수가 70점 수준이었는데 이번 중간고사에선 80점으로 올라갔다면 학생들이 공부를 특별히 열심히 해서 올라갔다기보다 '시험 문제가 쉬웠구나'라고 생각하는 것이 합리적일 것이다. 그러니 다음번에 시험이 조금만 어려워지면 다시 평균으로 회귀하게 돼 있다.

평균선으로 가늠하는 주가 수준

주식에도 평균이 있다. 일정 기간 동안의 주가를 평균한 후 이를 줄로 그은 '이동평균선'이란 게 있다.

일정 기간은 5일, 20일, 60일, 120일, 200일, 250일 등으로 나눠진다. 5일은 일주일간의 주가 평균치, 20일은 한 달, 60일은 3개월, 120일은 6개월, 250일은 1년간의 주가 평균치 흐름을 말한다. 5일, 20일은 단기 이동평균선이고, 60일은 중기, 120일 이상은 장기로 분류된다.

8월 3일(월) A주의 주가(종가)는 9천원, 4일 9,500원, 5일 9,300원, 6일 9,700원, 7일 1만원, 10일(월) 9,900원, 11일 9,600원이라고 하자. 5일 이동평균선은 9,500원, 9,680원, 9,700원을 이은 선이 된다.

9,500원은 3일부터 7일까지 종가 평균치, 9,680원은 4일부터 10일까지 종가 평균치, 9,700원은 5일부터 11일까지 종가 평균치다. 5일 이동평균선은 5거래일 주가(종가) 평균치를 연결한 것이다. 나머지 20일선, 60일선 등도 20거래일의 평균치, 60거래일의 평균치를 연결해 만들어진다.

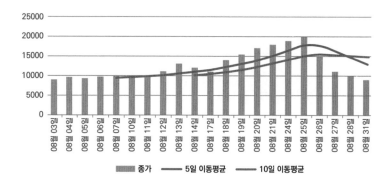

이동평균선은 현 주가가 평균선에 비해 위에 있는지, 아래에 있는지를 따져 주가가 고평가 혹은 저평가되었다고 판단하는 데 쓰인다. 이동평균선보다 주가가 멀리 떨어져 있다면 조만간 이동평균선으로 돌아올 것이란 '회귀 본능'을 전제로 분석하게 된다.

현 주가가 이동평균선보다 얼마나 떨어져 있는지를 나타내는 지표는 '이격도'라고 한다. 이격도는 현재 주가를 특정 이동평균선으로 나눈 후 100을 곱해 계산한다. 주로 20일선, 60일선이 사용된다. 이격도가 110%라는 것은 현재 주가가 이동평균선보다 10% 더 높게 상승했다는 것을 의미한다.

주가가 단기 급등할 경우 차익실현 등 매도 심리가 발생하고 주가가 조정을 받을 수 있는데 5일선 위에선 조정이 멈출 가능성이 높다. 반대로 주가가 단기 급락한 경우 5일선까진 오를 것이란 판단에 매수 심리가 증가할 수 있다.

120일선은 경기사이클과 유사하게 움직여 '경기선'이라고도 불린다. 120일선이 꺾이면 경기가 하락하고, 상승하면 경기가 개선될 것이라고 판단하는 것이다. 다만 경기침체기, 경기회복기가 길어지면 200일선이 경기선 역할을 할 수도 있다.

매매 시점은 어떻게 찾나?

이동평균선으로 주가 상승과 하락 신호를 파악할 수 있다. 단기 이동평균선이 중기, 장기 이동평균선을 위로 뚫고 올라서는 '골든크로스'가 발생할 경우 주식 매수 신호로 본다. 5일 이동평균선이 20일선을 지나 60일선, 120일선 등을 차례로 뚫고 상향 돌파할 경우를 말한다. 반대로 단기 이동평균선이 중기, 장기 이동평균선을 아래로 뚫고 내려가는 '데드크로스'도 있다. 이럴 경우엔 주식 매도 신호로 본다.

전형적으로 주가가 상승하는 장에선 가장 위에 5일선, 20일선, 60일선이 놓이고 가장 아래에 120일선, 200일선 등 장기 이동평균선이 놓여 있는 '정배열' 상태가 된다. 이동평균선이 위에서 아래까지 단기, 중기, 장기 순으로 놓인다는 것은 주가가 점점 올라갔다는 것을 의미하기 때문이다. 다만 이런 정배열 상태에서 단기 이동평균선이 더 이상 상승하지 못하고 흐름이 약해진다면 상승장이 마무리된다는 것을 뜻한다.

반대로 위에서 아래까지 200일선, 120일선, 60일선, 20일선, 5일선 등으로 장기, 중기, 단기 순으로 놓여있다면, 이는 '역배열'

■ 2020년 상반기 코스피 지수로 본 골든크로스와 데드크로스 사례

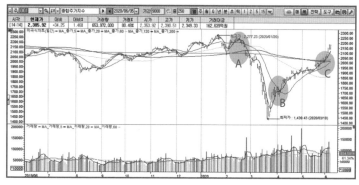

A 데드크로스 발생 : 5일선이 20일선, 60일선, 120일선,
　　　　　　　　　 200일선을 차례로 하향 돌파함, 단기간 하향
B 골든크로스 발생 : 5일선이 20일선 상향 돌파
C 골든크로스 발생 : 5일선이 120일선, 200일선 상향 돌파

로 주가가 계속해서 하락했다는 것을 의미해 전형적인 약세장을
보여준다. 마찬가지로 단기 이동평균선이 더 하락하지 않고 주춤
한다면 약세장이 마무리되었다고 판단할 수 있다.

　단기, 중기, 장기 이동평균선의 위치가 한 곳에 모여있을 때도
있다. 이는 오랜 기간 주가에 큰 변동이 없었다는 것을 말한다. 투
자자들에게 상당기간 관심을 받지 못했단 의미인데 향후 주가의
방향성을 예측하기 힘들어 쉽게 매매하기 어려운 단계로 판단된
다. 이런 상황에서 갑자기 단기 이동평균선이 상승으로 방향을 튼
다면 주가 상승 탄력이 높아질 수 있다.

　다만 이동평균선의 골든크로스, 데드크로스만을 기준으로 매
매 시점을 판단하는 것은 위험하다. 평균이란 것은 어디까지나 과

거의 수치이기 때문에 미래 지표로서의 역할을 하진 못한다. 골든 크로스, 데드크로스가 발생했다는 것은 이미 주가가 그만큼 움직였다는 얘기이기 때문에 이를 보고 주식을 매매하게 되면 한 발 늦은 투자가 될 수 있다.

상승장에서 조정을 거치면서 데드크로스가 발생할 수도 있고, 하락장에서 '데드캣바운스(Dead Cat Bounce, 죽은 고양이도 한 번은 뛰어오른다는 뜻으로 주가가 큰 폭의 하락 후 잠깐 반등하는 현상)'로 골든크로스가 발생할 수도 있다.

주가가 이동평균선에서 얼마나 멀어져 있는지를 보여주는 이격도 역시 상승장, 약세장에선 통하지 않는다. 주가 흐름이 크게 변할 경우 이격도는 더 벌어지게 되고, 그게 고착화하면 이동평균선이 후행적으로 움직이면서 간격을 좁힐 수 있기 때문이다.

경기 흐름이나 기업가치에 큰 변화가 없는 상태에서 주가가 장기 박스권을 형성할 때나 유효하게 적용할 수 있다.

주식시장의 추세,
뭘 보고 판단하나요?

샀더니 쭉쭉 내리기만 하는 내 주식, 언제쯤이면 하락을 멈출까?
혹은 계속 오르기만 하는 내 주식, 지금 팔아야 할까?
지지선, 저항선은 추세의 막바지를 보여준다!

갑자기 바닷가에 오게 되었다. 발만 살짝 담그고 싶어 신발을 벗고 모래사장 위를 조심스럽게 걸어간다. 처음 온 바닷가라도 어디쯤 서 있어야 바닷물에 발만 적시게 될지, 아니면 옷이 홀라당 젖어 버리게 될지 알 수 있다. 모래가 바닷물에 얼마나 젖어 있는지를 보면 되기 때문이다.

발만 담그려고 했는데 파도가 세서 바닷물이 종아리 위까지 올라와 옷까지 젖게 되는 낭패를 볼 때도 있다. 바닷물이 모래사장 위를 지나가면서 일정한 선을 만들고, 때론 그 선이 강한 파도에 의해 쓸려나가고 다시 새로운 선이 만들어지기를 반복한다.

주식시장도 이런 선이 있다. 주가는 일정 범위 내에서 움직이려는 성질이 있다. 이런 주가 흐름을 이어 줄로 그은 것을 추세선이라고 한다. 주가가 꾸준히 올라가면 상향추세선이 생기고 주가가 계속 하락하면 하향추세선이 생긴다. 그러다 어느 순간 주가가 일정선 내에서 움직이게 된다.

주가가 일정 선까지만 떨어지고 그 선에 도달할 경우 더이상 하락하지 않게 되는 선을 '지지선'이라고 한다. 반대로 주가가 일정 선까지만 오르고 그 이상 오르지 못하는 선을 '저항선'이라고 한다. 흔히 주가의 의미 있는 저점들을 연결한 선을 지지선, 반대로 고점들을 연결한 선을 저항선이라고 한다.

지지선과 저항선의 의미는?

지지선과 저항선은 왜 만들어지는 것일까? 이는 주식 매도의 힘이 센지, 매수의 힘이 센지를 보여주는 잣대다. 주가가 계속 하락하다가 특정 가격대에서 더이상 떨어지지 않는다는 것은 그 가격대에서 주가가 싸다고 느껴 주식을 사고자 하는 투자자들이 많다는 것을 의미한다. 그러면 주가는 더이상 하락하지 못한다. 그 가격대가 지지선이 되는 것이다.

반대로 주가가 계속 오르다가 특정 가격대에서 더이상 오르지 못한다는 것은 '이만큼 올랐는데 이제 팔까'라고 생각하는 투자자들이 많아 매도 세력이 더 커진다는 것을 뜻한다. 그러면 주가는 더이상 오르지 못한다. 그 가격대가 저항선이 된다.

그래서 지지선은 이론적으로 저점을 이은 선, 저항선은 고점을 이은 선이라고 하지만 언제든 달라질 수 있다. 이동평균선이 지지선과 저항선의 역할을 하기도 한다.

주가가 상승하는 장에선 이동평균선이 위에서부터 단기, 중기, 장기선으로 정배열 상태를 보이는데 5일 이동평균선이 더이상 오르지 못하고 5일선 아래로 뚫고 내려가는 경우가 생긴다. 이럴 경우 20일선이 지지선이 된다. 그런데 20일선마저 뚫리면 60일선이 지지선, 60일선이 뚫리면 120일선이 지지선이 되는 식이다.

반대로 약세장에선 이동평균선이 위에서부터 장기, 중기, 단기선으로 역배열되어 있는데 주가가 5일 이동평균선을 뚫고 올라설 경우엔 20일선이 저항선, 20일선을 상향 돌파했다면 60일선이 저항선, 60일선이 뚫리면 120일선, 120일선이 뚫리면 200일선이 저항선 역할을 한다.

지지선과 저항선은 투자 심리와 관련이 높기 때문에 1만원, 2만원, 5만원, 10만원 등으로 가격의 단위와 자릿수가 바뀌는 가격대에서 형성될 가능성도 있다.

또는 주가가 단기 폭락 후 반등 과정에서 저항선이 생길 수도 있다. 주가가 3분의 1을 회복한 수준, 주가가 절반을 회복한 수준 등이 저항선이 될 수 있다. 주가 폭락 이후 주식을 매수한 투자자는 주가가 어느 정도 오를 경우 차익실현 욕구가 생기는데 그 지점에서 매도 물량이 나오면서 저항선이 형성될 수 있기 때문이다.

반대로 주가가 단기 상승 후 조정 과정에서 같은 원리로 지지선이 생기기도 한다.

지지선과 저항선이 주는 매매 신호

보통은 지지선에선 주가가 더이상 떨어지기 어렵다고 판단해 '매수'가 나오고, 저항선에선 주가가 더이상 오르기 어렵다고 판단해 '매도'가 나올 수 있다. 다만 이는 주가가 장기간 박스권을 형성했을 때 먹히는 투자 방식이다.

주가가 상승장, 하락장이라면 지지선, 저항선은 얼마든지 달라질 수 있다. 갑자기 거래량이 증가하고 기업 실적에 대한 기대치가 높아지면서 주가가 저항선을 뚫고 상승할 수 있다. 오랫동안 저항선으로 작용했던 선을 뚫어버린다면 당분간 상승 추세가 지속된다고 보는데 이는 '매수' 신호다. 반대로 거래량이 줄고 기업 실적에 대한 기대가 하락하면서 주가가 지지선 아래로 하락할 수 있다. 지지선이 뚫려버린다면 당분간 하락 추세가 지속될 것이며, 이는 '매도' 신호다.

이렇게 지지선, 저항선이 뚫리면 기존의 지지선, 저항선은 그 역할이 달라진다. 저항선이 깨지면 기존 저항선은 지지선이 되고, 지지선이 뚫리면 기존 지지선은 저항선으로 작용할 수 있다.

아파트를 생각해보자. 지지선은 바닥이고 저항선은 천장이다. 아파트 2층에서 저항선인 천장이 뚫리면 이제 2층 천장은 3층의

■ 헬릭스미스의 저항선과 지지선 사례

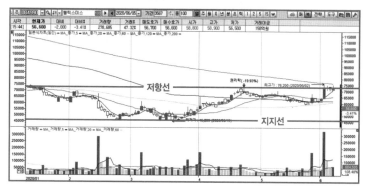

출처: 대신증권 HTS 화면 캡처

바닥이 되고, 3층 바닥은 지지선, 3층 천장은 저항선이 된다. 반대로 2층 바닥이 뚫리면 1층 바닥이 지지선이 되고, 2층 바닥(1층 천장)은 저항선이 된다.

이러한 지지선, 저항선은 그 길이가 길수록 탄탄하다. 길이가 긴 지지선, 저항선들은 돌파하기 어렵기 때문에, 한 번 깨진다는 것은 해당 주가가 재평가되어 투자자들의 기대치가 달라졌다는 것을 의미한다.

다만 주가가 장기 박스권을 보일 것인지, 지금이 상승장인지 하락장인지는 사후적으로 판단하기 때문에 주식을 거래할 당시에는 지지선, 저항선이 어디인지 정확하게 알기 어렵다.

거래량이 많으면 좋은 건가요?

인기가 많은 사람에겐 추파를 보내는 사람도 많고 그럴수록 몸값도 높아지지.
그런데 추파를 보내는 이가 적다고 해서 마냥 나쁜 건 아냐.
너무 매력적인 사람에겐 범접하기가 어려울 테니까!

주가가 오르기 위해 가장 중요한 것은 그 주식을 사려는 사람이 많아야 한다는 점이다. 아무리 실적을 잘 내고 스토리가 매력적인 주식이어도 주식을 사려는 사람이 없다면 주가는 오를 수가 없는 탓이다.

그렇다면 주식을 사려는 사람이 많은지를 따져 보는 것이 무엇보다 중요할 것이다. 이 매수세가 드러나는 지표가 바로 거래량이다. 거래량을 주가의 선행지표로 보는 사람들이 많은 이유다.

거래량이 는다고 해서 무조건 호재는 아니다

거래량은 그날 주식이 거래된 양을 뜻한다. 오늘 하루 동안 A 종목의 주식이 100주 거래되었다면 거래량은 100이다. 보통 거래량이 증가하면 주가가 상승하고, 거래량이 감소하면 주가도 하락한다고들 한다. 그러나 이는 반은 맞고 반은 틀린 얘기다. 해당 종목의 주가가 어떤 추세에 있느냐에 따라서 거래량이 주는 신호도 달라지기 때문이다.

만약 주가가 바닥을 기다가 어느 시점에 거래량이 대폭 증가한다면 앞으로 주가가 오를 수 있다는 긍정적인 신호로 받아들일 수 있다. 별안간 큰손이 들어와 주식을 매집했다는 뜻으로 주가상승에 대한 기대치가 높다고 해석할 수 있기 때문이다. 반면 주가가 이미 상당 수준 올라있는 상황에서 거래량이 증가하면 조만간 주가가 하락할 수 있다는 것을 예고한다고 본다. 차익매물이 쏟아지며 거래량이 증가한 경우가 많기 때문이다.

주가가 상승 추세를 이탈해 하락으로 전환한 상태에서 거래량이 많다면 추가 하락을 예상해야 한다. 이 때문에 주가의 오르내림과 거래량은 일정한 사이클을 탄다고도 본다.

'거래량 바닥(주가 바닥) → 거래량 증가(주가 상승) → 거래량 폭증(주가 꼭지) → 거래량 감소(주가 하락) → 거래량 바닥(주가 바닥)'의 식이다.

한편 주가가 거래량이 대폭 증가하면서 한 번 크게 솟은 상황에서 기고 있을 때, 이전 거래량을 뛰어넘을 정도의 거래량이 나온다면 주가 역시 전고점을 돌파할 가능성이 높다고 해석할 수 있다. 따라서 거래가 급증하는 종목은 눈여겨보고 있는 게 유리하다. 반면 주가가 전저점까지 깨고 하락하는 와중에 거래량이 증가하는 경우는 매도 압력이 그만큼 크다는 것을 암시하기 때문에 강력한 매도 신호로 볼 수 있다.

거래량 많은 종목이 항상 우량하진 않다

거래량은 투자자의 관심도를 보여주는 지표지만, 거래량이 많다고 해서 꼭 우량한 종목이라고 볼 순 없다. 인기가 높은 종목이어도 거래량은 낮을 수 있기 때문이다.

한 주당 가격이 높은 주식의 경우가 그렇다. 예컨대 삼성전자는 액면분할 전 한 주당 가격이 260만원이나 되었던 탓에 쉽게 사고팔지 못했고, 일평균 거래량은 30만주 안팎을 오갔다. 그러나 액면분할 후 한 주당 가격이 4만~5만원대로 저렴해지자 거래량도 폭증했다. 2020년 6월 현재 삼성전자의 일일 거래량은 꾸준히 1천만주를 넘기고 있다.

다시 말하자면 거래량이 많은 종목이라고 해서 항상 우량하지만은 않다는 것이다. 단순히 한 주당 가격이 낮아서 거래량이 많아지는 것일 수도 있기 때문이다.

초보라면 거래량 받쳐주는 종목을 사라

거래량이 일정 수준 이상 유지되는 주식이라면 그만큼 투자자의 관심을 많이 받는다는 의미로, 초보 투자자의 경우 거래량이 받쳐주는 주식에 투자하는 것이 좋다. 거래량이 지나치게 적을 경우 주식을 팔고 싶어도 사려는 사람이 없어 투자금이 묶이는 경우가 발생할 수 있기 때문이다.

또 거래량이 적은 종목의 경우 주가조작 세력들의 먹잇감이 될 가능성이 높아 주의가 필요하다. 거래량이 많은 주식은 호가가 촘촘하게 유지되어 있지만, 적은 주식의 경우 호가가 크게 벌어져 있어 주식의 가격을 한번에 크게 띄우고 내리는 것이 가능하기 때문이다. 심지어 한 주당 가격이 낮은 종목이라면 적은 자금으로도 주가조작이 가능하기 때문에 주가조작 세력들의 선택을 받는 경우가 많다.

무작정 장기투자할까요,
아니면 단타 칠까요?

미중 무역분쟁과 신종 코로나 바이러스로 코스피 지수가 2000선 아래로 갈 때마다 시장에 등장한 사진이 있다. 2007년 7월 코스피 지수가 처음으로 2000선을 돌파했을 때 한국거래소가 촬영한 기념사진이다. 10년도 더 된 과거의 지수로 코스피 지수가 돌아갔음을 자조하는 셈이다.

2007년 7월 25일 코스피 지수가 종가 기준으로 첫 2000선을 돌파했다.

출처: 한국거래소

그러나 그저 웃고 넘어가기에는 이런 행동이 안겨주는 시사점이 적지 않다. 바로 '한국 시장은 장기투자에 적합한가?'라는 주제에 대해 돌아보게 만들기 때문이다.

✎ 무작정 장기투자로 수익을 내긴 어렵다

주식을 시작하는 초보들이 가장 많이 접하는 것은 워런 버핏과 같은 '투자 천재'들의 말이다. 이들은 한결같이 장기투자를 추천하고 있다. 좋은 종목을 싸게 사서 오를 때까지 보유하면 승률이 높아질 수밖에 없다는 얘기다. 시간을 낚는 방식의 투자법이다.

그러나 코스피 지수만 봐도 무작정 장기투자는 답이 될 수 없다는 걸 알 수 있다. 2007년에 코스피 지수 ETF를 샀다면 13년이 지난 2020년에도 수익률은 0%에 머물 수밖에 없다. 지수가 한때 2500선까지 올랐지만 다시금 떨어져 결국 2000선에 머물게 된 탓이다.

물론 '10년은 짧다. 20~30년 더 투자하면 수익률이 오를 것'이라고 말하며 장기투자를 권유하는 전문가들도 있다. 그러나 대다수의 개인투자자에게 10년이 넘는 기간의 장기투자, 심지어 꾸준히 오르는 것도 아닌 위아래로 등락폭이 큰 시장에서의 장기투자는 엄두가 안 나는 일일 것이다. 게다가 2000년대 후반에 주도주, 우량주로 분류되었던 조선주들이 이제와선 시가총액 상위에서도 찾아볼 수 없는 종목이 되었다는 점을 감안하면 우량주라 해서 무작정 장기투자가 답이 아니란 것도 알 수 있다.

✎ 단타로 수익 내긴 더 어렵다

그렇다면 단기투자, 즉 단타가 답일까? 하지만 단타는 더 어렵다. 짧은 기간 내의 저점과 고점을 기가 막히게 맞춰야만 성공할 수 있는 것인데, 애널리스트뿐만 아니라 워런 버핏과 같은 투자천재들도 하기 어려운 일인 탓이다.

당장 하루 뒤 주가를 맞출 수 있는 투자의 신은 어디에도 없다. 그래서 전문가들이 하루하루의 변동성을 맞추는 단타보다 길게 가져가는 장기투자가 승률이 높다고 추천하는 것이다.

또 단기투자의 경우 매매를 할 때마다 각종 수수료가 수익률을 깎아먹는다는 것도 고려해야 한다. 하루에 수십 번씩 매매를 하다보면 주식으로 얻은 수익률과 떼이는 수수료가 비슷하게 될 가능성이 적지 않은 탓이다. 수익을 봤으면 다행이지 만약 손해라도 입었을 경우에 손실은 눈덩이처럼 불어난다.

✎ 장투와 단타 사이에서 균형을 잡아야 한다

개인투자자에게 가장 좋은 건 대세상승기에만 주식투자를 하는 것이다. 대다수 종목이 상승하기 때문에 어떤 종목을 골라 잡아도 차익을 누릴 수 있기 때문이다. 그러나 코스피 지수는 오랜 기간 박스권에서 머무르고 있기 때문에 쉬운 투자법은 아니다.

그래서 전문가들은 '경제적 해자(경쟁사로부터 기업을 보호해주는 높은 진입장벽과 확고한 구조적 우위를 갖는 것)'가 있는 종목을 고른 뒤 그 종목의 해자가 다 할 때까지 중장기적으로 보유하는 것을 추천한다.

예컨대 장기투자를 설파하는 존리 메리츠자산운용 대표는 통신수단이 삐삐에서 휴대폰으로 넘어갈 시기에 통신사 주식을 샀고, 휴대폰을 대부분의 사람이 보유해서 더 큰 혁신이 없을 것이라고 판단했을 때 해당 주식을 매도해 수백 퍼센트대의 이익을 봤다고 한다. 그 주식만 갖고 있는 장점이 있는지를 살펴봤고, 그 장점이 다 사라질 즈음 주식을 매도한 셈이다. 그 장점이 세상에서 너무 당연해졌거나, 혹은 많은 회사가 따라해서 그 장점이 흔해졌을 때 해자가 다했다고 보는 시각이다.

한편 단기투자보다 장기투자가 더 유리한 것은 대세상승기를 놓치지 않을 수 있기 때문이다. 등락이 큰 한국 주식시장의 성격상 주가가 크게 상승하는 기간은 10% 안팎이며 대부분의 기간은 박스권에 머문다. 촉이 좋아서 상승기에만 주식투자를 하면 좋겠지만 대부분의 사람은 그럴 수 없다. 그래서 주식을 오래 보유해야 10% 안팎의 대세상승기를 놓치지 않을 수 있다.

다만 커지는 손실을 그저 두고봤다간 손실만 커질 수 있기 때문에 마이너스 몇 퍼센트에선 손절을 하겠다는 자신만의 원칙을 세워두는 것도 중요하다. 주식투자에서 가장 중요한 건 그 종목의 장단점에 대한 공부를 해야 한다는 것이며, 투자 기간은 그 뒤에 따라오는 것이라는 점을 잊지 말아야 한다.

주식시장에서 사고 팔 수 있는 건 비단 상장사의 종목만이 아니다. 한 종목에 투자하기 두렵다면 여러 종목을 한꺼번에 사는 방법도 있다. 주식시장을 통해 부동산에 투자하는 것도 가능하다. 한편 주가가 오를지 말지에 베팅해 수익을 내는 상품들도 있다. 각 상품들은 어떤 성격을 갖고 있고, 또 어떤 점에 주의해야 좋을까? 6장에선 주식시장을 통해 거래할 수 있는 여러 가지 상품들을 소개한다.

6장

주식인 듯
주식 아닌
주식 같은 상품들

'종목은 망해도 한국은 안 망한다'에 베팅하는 법_ETF

한 종목이 잘 될지 안 될지는 모르겠지만
어쨌든 대한민국은 망하지 않을 것 같다고?
대한민국의 상승에 돈을 걸어보고 싶다면 ETF를 골라 봐!

'옆집 아저씨는 바이오가 잘된다고 해서 A종목에 돈을 넣었는데 반토막이 되었다더라' '옆집 아줌마는 여행사가 잘된다고 해서 B종목에 돈을 넣었다가 다 날렸다더라' 한 종목에 투자했다가 망한 사례가 주변에 심심치 않게 있다 보니 많은 사람들이 주식투자를 꺼린다.

하지만 종목 하나가 망할 순 있어도 대한민국이란 나라가 망하긴 어렵지 않을까? 주식회사 대한민국에 투자하는 법, 상장지수펀드(ETF)는 그 해답이 될 수 있다.

ETF 만원어치면 코스피 시장 전체를 살 수 있다

ETF는 최소 10종목 이상을 묶어 만든 지수를 추종하게 만든 펀드다. 펀드이지만 한국거래소를 통해 평범한 종목처럼 사고팔 수 있고, 지수의 움직임을 오차 없이 따라가야 하는 상품이다 보니 투명하다.

펀드매니저가 종목을 선별할 필요 없이 지수를 그저 따라가기만 해도 되기 때문에 일반 펀드보다 운용보수가 낮은 것도 장점이다. 운용보수는 ETF마다 조금씩 다르다.

ETF는 여러 종목에 분산 투자하는 방식이다 보니 한 종목에 투자하는 것보다 안전하다. 종목은 망할 수 있어도 증권시장은 장기적으로 오른다는 믿음이 있다면 ETF를 구매대상에 넣을 만하다. 실제 투자의 귀재 워런 버핏은 미국의 증권시장이 앞으로도 꾸준히 오를 수 있다고 굳게 믿는 사람 중 하나인데, 자신의 유서에 '재산의 10%는 국채 매입에, 나머지 90%는 모두 스탠더드앤드푸어스(S&P500) ETF에 투자하라'고 썼다고도 알려져 있다.

가장 대표적인 건 코스피200지수를 추종하는 ETF다. 코스피200지수는 코스피 시장에 상장되어 있는 종목 중 시장 대표성과 유동성, 시가총액 등을 고려해 뽑은 200개 종목으로 구성 돼 있다.

한국 대표 시장인 코스피 시장에서 가장 우량한 종목 200개를 뽑아 넣은 걸로 만든 펀드라니, 명실상부 '주식회사 대한민국'이나 다름없는 상품이다. 때문에 기관투자자들 사이에서도 코스피

200 추종 ETF를 사는 것을 '코스피 시장을 샀다'고들 표현하기도 한다. 삼성자산운용이 운용하는 KODEX 200이나 미래에셋자산운용이 운용하는 TIGER 200이 이에 속한다.

한편 미국의 S&P500 지수를 추종하는 ETF도 국내에 상장되어 있어 '미국 시장을 사는 것'도 가능하다. 베트남 증시(VN지수)를 따라가는 ETF도 상장되어 있으니 '베트남 시장을 사는 것'도 물론 가능하다. 뿐만 아니라 수익률이 금값을 따라가는 금 ETF나, 채권 수익률을 따라가는 채권 ETF 등 다양한 테마에 투자할 수 있는 ETF도 존재한다.

자산운용사의 능력에 따라 벌어지는 '추적오차'

코스피200지수를 추종하는 ETF라면, 코스피200 내 종목을 정해진 비중대로 ETF에 똑같이 담아야 한다. 코스피200지수 내 삼성전자가 20%, SK하이닉스가 8%의 비중으로 구성되어 있다면 ETF 안에서도 같은 비중대로 담아야 지수와 ETF 수익률이 똑같이 간다.

그러나 똑같이 종목을 담다 보면 거래세도 내야 하고 매매비용도 계속 발생된다. 그러다 보면 나중엔 지수보다 순자산가치(NAV)가 떨어질 수밖에 없다. 지수와 순자산가치 간 차이를 '추적오차'라고 한다.

그래서 자산운용사는 고객 투자금의 일정 부분을 채권 등 다른 자산에 투자를 해서 아주 약간의 추가 수익을 낸 뒤 매매비용으로 발생한 손실을 메꾼다. 이를 잘하는 자산운용사라면 추적오차가 작고, 못하는 자산운용사라면 추적오차가 크다.

다만 상장지수증권(ETN)의 경우는 ETF처럼 실제로 종목을 사고팔면서 기초지수를 쫓아가는 게 아니라, 그저 '이 기초지수의 움직임대로 수익률을 돌려주겠다'고 약속한 상품이기 때문에 이런 오차가 없다.

지수는 잘 따라갔는데, 투자수요로 생기는 '괴리율'

자산운용사가 기초지수를 잘 따라갔는데도 지수와 ETF 가격이 또 벌어질 수 있다. 이렇게 투자수요나 시장환경 때문에 가격이 벌어지는 것을 '괴리율'이라고 한다. 이 괴리율은 ETN에도 똑같이 적용된다.

ETF나 ETN은 그 가격이 추종하는 지수와 비슷하게 움직일 수 있도록 유동성 공급자인 증권사가 지수 근처에서 '사자' 혹은 '팔자'와 같은 주문을 낸다. 그런데 창고에 재고가 있어야 물건을 팔 수 있는 것처럼, 증권사도 확보한 물량이 있어야 시장에 내다 팔 수 있다. ETF나 ETN 상품이 예상치 못하게 인기가 많아져 이미 시장에 물량을 다 쏟았는데도 사겠다는 사람이 넘쳐나면 ETF나 ETN 가격이 올라 괴리율만 커지게 된다.

실제 중국 주식투자 붐이 일었던 2007년 10월, 한 중국 ETF

가 상장 첫날 이같은 이유로 괴리율이 벌어진 적이 있다. 2만 1,500원짜리가 2만 2,200원에 거래된 것이다. 또 신종 코로나 바이러스가 확산된 이후 국제유가가 폭락해 원유 ETN을 사겠다는 수요가 급증하며 원유 ETN의 괴리율이 수백 퍼센트씩이나 벌어지기도 했다.

■ 추적오차와 괴리율

한편 해외 자산과 연계된 ETF·ETN의 경우 시장 간의 차이로 가격 괴리가 발생할 수도 있다. 예컨대 한국은 모든 종목이 위·아래로 하루 최대 30%까지만 움직일 수 있지만, 미국은 이런 가격제한폭이 없다. 미국 관련 ETF가 담은 자산이 간밤 40% 이상 가격이 뛰었음에도 불구하고 한국 ETF는 30%까지밖에 가격이 오르지 못하기 때문에 10%만큼의 괴리율이 발생하는 것이다. 따라서 ETF는 거래량이 많고, 추적오차가 작으면서 괴리율도 낮고, 비용이 저렴할수록 좋다.

레버리지, 곱버스 ETF는
장기투자 할수록 손해다

두 배의 수익을 올리고 싶어서 선택하는 레버리지와 곱버스 투자.
단, 오래 하면 할수록 '음의 복리효과'가 커져 손실이 누적되니
되도록 단기투자만 하라고!

'지수는 그대로인데 내 레버리지 상장지수펀드(ETF) 수익률은
왜 -12%인 거야?'

레버리지·곱버스(인버스 2배) ETF에 투자한 사람들이 많이 가
지는 의문 중 하나다. 기초지수는 투자했을 때와 비슷한데 레버리
지나 곱버스 ETF의 손실은 10배 가까이 난다는 것이다. 이건 '음
의 복리효과' 때문인데, 레버리지·곱버스 투자를 오래 하면 안 되
는 이유와도 직결된다. 오래 하면 할수록 손실을 키울 가능성이
높기 때문이다.

주가가 출렁이는 사이에 손실은 누적

코스피200지수가 오늘 100포인트라고 가정하고, 이 지수가 내일은 10% 하락하고 내일 모레엔 10% 상승한다고 가정해보자. 그럼 지수가 100포인트가 될 것 같지만 사실은 그렇지 않다. 100에서 10%(10포인트) 하락하면 90포인트이고, 90포인트에서 10%(9포인트) 상승하면 99포인트이니까 말이다.

변동 폭이 커지면 커질수록 이 차이는 더 벌어진다. 예컨대 지수가 100포인트에서 50% 하락했을 경우, 수익률을 다시 0으로 만들려면 50포인트에서 추가로 50포인트 더 상승해야 하니 다음날엔 수익률을 100% 올려야 한다. 가격이 크게 움직이면 움직일수록 손실을 회복하기가 어려워지는 셈이다.

그러니 일일 지수 변동폭의 두 배를 곱한 만큼 수익·손실이 돌아오는 레버리지·곱버스 ETF는 변동성이 큰 장에선 오래 가지고 있으면 있을수록 좋은 수익을 내기 어렵다. 손실 회복에 필요한 만큼 반등하지도 못했는데 다음날 다시 지수가 빠지면 누적 수익률 하락은 더 커지기만 하니까 말이다.

예컨대 코스피200지수가 100포인트였을 때 코스피200레버리지ETF를 매수했다고 하자. 내일은 10% 빠지고 내일모레 다시 10% 올랐다. 그러면 지수는 100-90-99가 되는데, 레버리지 ETF는 100-80-96이 된다. 지수는 단 1포인트 빠졌을 뿐인데 레버리지 ETF로는 4%나 손해를 보는 결과가 나오는 것이다. 곱버스 ETF도 마찬가지다. 100-120-96으로 4% 손해를 보게 된다. 이 원리를 '음의 복리효과'라고도 부른다.

계속 한 방향으로만 움직이면 좋겠지만

물론 지수가 줄곧 한방향으로 움직이기만 한다면 그 방향으로 베팅한 레버리지·곱버스 ETF의 수익률은 더 커진다.

코스피200지수가 이틀 연속 10% 올랐다고 가정한다면(100-110-120), 코스피200레버리지 ETF의 수익률은 100-120-144가 된다. 즉 원래 지수보다 10포인트 이상 수익률을 추가로 올릴 수 있게 되는 것이다. 곱버스 ETF 역시 지수가 계속 내리기만 한다면 똑같이 추가 수익률을 더 크게 얻을 수 있다.

그러나 주가는 오늘 오르면 내일 내리기도 하고, 특히 미국과 중국 간 무역분쟁이나 신종 코로나 바이러스와 같은 악재가 발생하면 위아래로 크게 출렁이기도 한다. 하루에 코스피200지수가 10%씩 아래위로 출렁이는 건 예삿일이 되기도 한다.

따라서 전문가들은 레버리지·곱버스 ETF는 무조건 단기투자를 해야 한다고 입을 모은다. 물려있다고 장기투자를 하다간 앉아서 수익률만 까먹는 일이 될 수 있기 때문이다. 특히 곱버스 ETF의 경우는 기업들의 실적이 조금씩이라도 오르고 주가도 이를 따라간다면 평생 자신이 매수했던 가격대로는 돌아오지 않은 채 손실만 대규모로 불어날 수 있으니 각별한 주의가 필요하다.

유가나 콩값이 오르는데도
베팅할 수 있다고요?_ ETN

기름값과 콩값이 오른 만큼 수익을 돌려주겠다고
증권사가 약속한 상품이 바로 ETN. 다만 내가 모르는 사이
ETN을 더 비싸게 사는 호구가 될 수도 있으니 주의해야 한다고!

원유 등 원자재 가격이 오를 것 같다면 어떻게 투자해야 할까? 수중에 있는 돈을 긁어모아 이런 것들을 왕창 사들인다고 해도 보관하기가 만만치 않을 것이다. 마땅히 팔 사람을 찾기도 어렵다.

원유, 철광석, 천연가스, 구리, 콩, 옥수수, 대두 등 감히 함부로 접근하기 어려운 원자재에 투자하고 싶다면 'ETN'을 떠올려 보자. ETN은 증권사가 투자자에게 만기 때 특정 자산이나 특정 지수(이하 특정 자산)의 가격 변동에 따라 투자금을 돌려주겠다고 약속한 상품이다.

콩값이 오르는 만큼 수익을 주는 채권

ETN의 만기는 최소 1년 이상, 최대 20년 이내인데 만기가 도래하기 전까지 ETN은 일반 주식처럼 한국거래소에 상장되어 HTS, MTS에서 수시로 사고팔 수 있다. ETN은 ETF와 투자하는 상품이 비슷하긴 하나 좀더 원자재에 특화되어 있다.

ETN이 ETF보다 투자 위험이 높다. ETF는 펀드이기 때문에 자산운용사가 망하더라도 투자금을 돌려받을 수 있지만 ETN은 증권사가 망하면 투자금 전액을 날리게 되기 때문이다. 투자자가 증권사에 돈을 빌려줘놓고 원금과 이자 등을 특정 자산의 가격 변동에 따라 돌려받기로 한 것과 같다. 채권과 성격이 비슷해 ETN을 상장지수채권이라고 부르기도 한다. 다만 특정 자산 가격이 하락했다면 이자는커녕 원금까지 잃게 된다.

ETN이 일반 주식과 똑같이 거래되긴 하지만 ETN에는 두 가지 가격이 있다. 하나는 투자자들이 HTS상에서 매매하는 가격이고, 또 하나는 매매 가격의 기준점이 되는 가격이다. ETN에선 매매 가격보다 '기준점이 되는 가격'이 훨씬 중요하다. 이 기준가격을 '지표가치(IV, Indicative Value)'라고 한다. 지표가치는 특정 자산의 가격 변동에 따라 달라지는 ETN의 본래 가치를 말한다.

학교에서 선생님이 아이들을 줄 세울 때 '기준'이라고 외치면 이 기준을 중심으로 아이들이 하나둘씩 모이듯이 ETN 매매 가격 역시 기준가격 언저리에서 움직인다. 이러한 기준가격은 ETN 발행사인 증권사가 유동성 공급자(LP)로서 매일, 실시간 산출하고 ETN 매매 가격이 기준가격과 유사하게 거래될 수 있도록 매수, 매도가격을 제시한다.

기준가격이 중요한 것은 ETN이 만기가 될 경우 ETN 매매 가격이 아닌 기준가격에 따라 투자금이 상환되기 때문이다. ETN 매매가격이 주당 1만 2,000원인데 기준가격이 1만원이라면 만기 때 1만원을 기준으로 투자금을 돌려받는단 얘기다. 상장폐지도 기준가격이 결정한다. 원유 선물 가격이 어느 날 갑자기 하루 새 100% 급락하면 기준가격이 0이 된다. 일일 가격 변동의 두 배를 따라가는 레버리지 ETN은 원유 선물이 50%만 하락해도 기준가 격이 0이다. 기준가격이 0이 되면 ETN은 상장폐지된다.

2020년 4월 20일엔 5월 원유 선물 가격이 하루 새 300% 넘게 급락해 사상 첫 마이너스 유가를 기록한 적이 있었다. 그당시 ETN의 기준가격은 6월 만기 선물을 따라갔던 터라 상장폐지는 면할 수 있었다.

ETN 투자시엔 '괴리율'을 꼭 알아둬야

ETN을 투자할 때 꼭 알아둬야 할 것이 있다면 괴리율이다. 괴리율은 ETN 매매가격이 기준가격과 얼마나 멀어져 있는지를 비율로 나타낸 것이다. ETN 매매가격이 기준가격보다 낮아 괴리율이 마이너스가 되면 ETN 가격이 '본래 가치보다 싸다'는 것을 말하고, 플러스(ETN 매매 가격 > 기준가격)가 되면 비싸다는 것을 말한다. 투자자는 괴리율이 마이너스일 때 ETN을 매수하고 플러스일 때는 파는 것이 유리하다.

유동성 공급자가 ETN 매매가격을 기준가격에 가깝게 제시하는 데도 괴리율이 커질 수 있다. 2020년 3~4월엔 신종 코로나 바이러스로 원유 수요는 계속 줄어드는데 공급이 워낙 많아 원유 선물 가격이 뚝뚝 떨어졌었다. 투자자들은 '유가가 더이상 쌀 수 없다'며 원유 선물 ETN을 싹쓸이했다. 그로 인해 원유 선물 ETN 기준가격이 주당 200원에 불과했던 것이 매매가격은 800원에 달했다.

ETN은 특정 자산의 가격 변동에 따라 투자금을 지급하기로 한 상품이기 때문에 괴리율이 커지면 아무 의미 없는 숫자 놀음이 되어 버린다. 원유 선물 ETN은 수차례 거래정지가 되는 수모를 겪어야 했다. 이러한 일은 100명의 사람이 있다면 100명 모두 '유가가 오른다'고 생각했다는 것인데 이는 극히 드문 사례.

선물에 투자하는 만큼 '롤오버'는 필수

원자재 선물 가격 변동에 따라 움직이는 ETN의 경우 매월 롤오버(roll over)가 일어난다. 롤오버는 만기가 가까워진 선물을 팔고, 그 다음 만기가 도래하는 선물을 사는 것이다. 만기까지 그 선물을 갖고 있으면 투자자에게 진짜 원유, 콩이 도착할지도 모른다. 그래서 롤오버를 하는 것이다.

ETN은 통상 거래가 가장 활발한 최근월물의 가격 변동을 따라 움직인다. 만약 지금이 8월 초순이라고 하면 최근월물은 9월물이고 8월 중순경 만기가 돌아온다. 8월 중순쯤에 만기가 돌아오는 9월물을 모두 팔고 차근월물인 10월물을 사들인다.

만기가 가까운 선물보다 만기가 먼 선물이 비싼 것을 '콘탱고(Contango)'라고 한다. 싼 9월물을 팔아 비싼 10월물을 사게 되면 롤오버에 따른 비용이 발생한다. 반대로 만기가 가까운 선물이 더 비싼 '백워데이션(Backwardation)' 상태라면 이익이 생긴다.

그러니 괴리율이 높은 데다 롤오버 비용까지 많이 드는 시기에 ETN에 투자한다면 손해가 크다. 2020년 4월 원유 선물 ETN 투자자들은 높은 괴리율에 울고 롤오버 비용에 땅을 쳐야 했다.

■ **ETN과 ETF의 차이점**

구분	상장지수증권(ETN)	상장지수펀드(ETF)
정의	기초지수 수익률에 따라 투자금을 지급하기로 약속한 파생결합증권	운용을 통해 기초지수 수익률을 따라가도록 한 집합투자증권(펀드)
발행 주체	증권사	자산운용사
신용위험	있음	없음
만기	1~20년	없음
자산운용 제한	없음	있음

주식시장에선 만원만 있으면
나도 건물주

여러 사람의 돈을 모아 부동산을 사고
따박따박 월세 배당을 받을 수 있는 리츠.
나도 뉴욕의 멋진 맨하탄 빌딩 건물주가 될 수 있다고!

'조물주 위에 갓물주 있다'는 말이 있다. 갓물주란 신을 뜻하는 갓(God)에 건물주를 붙인 합성어인데, 그만큼 부동산 가진 사람을 선망하는 사람이 많단 얘기다. 따박따박 월세 나오지, 좋은 건물 사면 시세차익도 올릴 수 있지…. 문제는 돈이다. 건물을 사려면 어마어마한 돈이 들기 때문에 모두가 동경하면서도 될 수 없는 게 바로 건물주다. 건물주는 그래서 '갓물주'가 되었다.

그런데 주식시장에선 만원만 있어도 갓물주가 될 수 있다! 달마다 나오진 않아도 분기, 혹은 반기에 한 번씩 임대료를 받을 수 있는 데다 건물의 시세차익도 노려볼 수 있으니까. 그걸 가능하게 한 게 바로 '리츠(Reits·부동산투자신탁)'다.

부동산도 공동구매 할 수 있다

리츠란 다수의 투자자로부터 모은 자금으로 부동산을 사거나, 혹은 부동산 관련 증권에 투자해서 발생한 임대수익을 투자자에게 배당하는 주식회사다.

쉽게 말해서 부동산을 공동구매하는 셈이다. 투자자의 돈을 모아 부동산을 직접 사들인 뒤 건물에 세 들어 사는 임차인에게 받은 월세로 배당을 주는 '신한알파리츠'가 있다면, 투자자의 돈으로 각 건물의 일부 지분만 증권 형태로 갖고 있으면서 여기서 나오는 수익을 돌려주는 'NH프라임리츠'가 있다.

일반 부동산 투자에선 월세를 받는다면, 리츠에선 비슷한 개념으로 배당을 받는다. 한국 리츠의 경우는 대부분 상·하반기 일년에 두 번 배당을 준다. 이 배당은 리츠가 소유한 건물에서 나온 임대수익으로 주는데, 리츠는 임대수익의 90%를 투자자에게 돌려줘야만 한다. 리츠는 배당가능 이익의 90% 이상을 배당으로 지급해야 법인세가 면제되기 때문이다.

보통 리츠의 연간 배당수익률(시가배당률)은 5~7%에 달한다. 제로금리(기준금리 0%대) 시대에 높은 배당수익률을 기대할 수 있는 것이다.

좋은 땅에 올린 건물을 사면 시세차익을 볼 수 있듯, 리츠도 좋은 건물을 자산으로 갖고 있는 경우에는 똑같이 시세차익을 얻을 수 있다.

2019년 상장되었던 롯데리츠는 상장 첫날 상한가를 기록하기도 했다. 다만 주가가 오르면 배당수익률은 그만큼 떨어진다. 배당수익률은 한 주당 배당금을 현재 주가로 나눈 수치이기 때문에, 분모인 주가가 오르면 배당수익률도 낮아지는 탓이다. 시세차익은 얻지만 받는 월세가 조금 줄어드는 셈이다.

한편 리츠는 일반 종목들과 똑같이 주식시장에서 사고팔 수 있다. 2020년 8월 현재 대부분의 공모리츠가 1주당 5천원 안팎밖에 되지 않기 때문에 커피 한 잔 값이면 갓물주의 일원이 될 수 있다. 부동산이 거액의 자금을 필요로 하는 데다 팔기 어려운 상황에 처할 수도 있다면, 리츠는 소액으로 투자해 언제나 현금화할 수 있는 부동산의 일부를 가질 수 있도록 만든 상품이다.

누구한테 월세를 주느냐가 중요하다

'조물주 위에 갓물주 있지만, 갓물주 위엔 스타벅스 있다'는 말이 있다. 그만큼 갓물주들이 들이고 싶어하는 임차인이 스타벅스라서 나오는 말이다. 스타벅스는 장기 임차를 하기 때문에 건물주 입장에선 해당 기간 동안 공실을 걱정할 필요가 없고, 프랜차이즈 중에서도 고급스러운 이미지가 있어서 건물 가치 상승에도 기여하는 까닭이다.

누가 얼마나 임차를 하느냐가 중요한 건 리츠도 마찬가지다. 공실률을 줄여야 배당을 받을 수 있는 자원이 늘어나고, 또 어떤 업종의 임차인에게 월세를 주느냐에 따라 안정적으로 배당을 받을 수 있는지도 결정되기 때문이다.

예컨대 신한알파리츠의 경우는 오피스 리츠라는 정체성을 갖고, 대부분의 임차인을 일반 회사로 채운다. 회사가 망하지 않는 이상 사옥을 뺄 일이 없으므로 안정적으로 배당을 받을 수 있다. 경기를 덜 타는 대표적인 리츠가 이 오피스 리츠인 것이다.

반면 모두투어리츠의 경우는 호텔리츠로 임차인이 호텔인데, 호텔의 경우 경기를 크게 타기 때문에 배당 안정성이 다소 떨어진다. 실제 신종 코로나 바이러스에 관광객이 급감하자 호텔 임차료를 유예했다. 임차료를 제때 못 받으면 후에 배당이 깎이는 '배당컷'의 문제가 생길 수도 있으니 주의가 필요하다.

한편 한국에는 유통업체를 임차인으로 둔 리테일(소매점, Retail) 리츠도 많다. 롯데마트 등을 기초자산으로 둔 롯데리츠가 있고, NC백화점을 기초자산으로 둔 이리츠코크렙이 대표적이다.

보통 리테일 리츠도 경제 상황이 안 좋으면 마트나 백화점을 가는 인구가 급감해 배당 안정성이 보장되지 않는 리츠군 중 하나이다. 그러나 롯데리츠나 이리츠코크렙의 경우 롯데쇼핑과 이랜드리테일이 장기 임차 중이기 때문에 배당이 깎일 위험은 희박하다는 시각이 우세하다.

해외 리츠들은 더 다양하다

해외 주식에 투자하듯, 해외 리츠에 투자하는 것도 가능하다. 일반 해외 주식을 직구하듯, 리츠 종목을 직구하면 된다.

리테일이나 호텔에 집중된 한국 리츠 시장과는 달리 해외에는 더 다양한 자산을 담고 있는 리츠들이 많다는 것 또한 장점이다. 통신기지국(셀타워) 등 인프라에도 투자 가능하며, 데이터센터 시설에도 투자할 수 있다. 온라인 쇼핑 증가에 각종 상품을 보관해야 하는 물류 센터 리츠도 인기다.

공모리츠가 최근 몇 년 사이 시장에서 주목받기 시작한 우리나라와 달리, 수십 년의 역사를 가진 미국·일본·싱가포르 등 해외에는 그만큼 다양한 공모리츠가 많다.

또 해외 리츠들의 경우는 달마다 배당을 주는 월배당 리츠들도 많으니 부동산에 직접 투자하듯 월세를 받는 감각으로 리츠에 투자할 수도 있다.

선물이 참 어렵던데
쉽게 알 수 있는 방법은 없나요?

약속한 날짜에 정해진 금액으로 배추를 사고 팔겠다고 약속한
'밭떼기 거래'가 바로 주식시장 선물의 원리와 같아.
단 주식시장에선 한국거래소를 통해 안전하게 선물 거래가 가능하다고.

해마다 배추를 심을 때쯤 되면 농부와 상인들은 고민에 빠진다. 배추농사는 해마다 작황이 다르기 때문에 매년 가격이 큰 폭으로 오르내리기 때문이다. 상인은 가을께 배추값이 지나치게 오를까봐 걱정이고, 농부는 반대로 너무 떨어질까봐 걱정이다. 그래서 둘은 계약금을 걸고 가을이 되면 지나치게 오르지도, 내리지도 않는 중간값에 거래를 치르기로 약속한다. 일명 '밭떼기 거래'다.

금융시장에서도 비슷한 거래가 가능하다. 나중에 가격이 어떻게 변하든 약속한 날짜에 정해진 금액으로 거래를 주고받아야만 하는 거래, 그걸 선물(先物) 거래라고 부른다.

금융시장에서는 한국거래소를 통해 석유 등의 원자재뿐 아니라 쌀과 옥수수, 심지어는 주가지수까지도 선물로 거래할 수 있다. 만기가 되는 날에 얼마에 사고팔 것인지 매수자와 매도자가 계약해서 선물 거래를 한다. 이때 수많은 사람들이 계약을 하기 때문에 표준화된 계약조건에 따라 매매를 해야 거래가 원활하게 이뤄진다. 그래서 금의 경우는 순도 99.99%의 금괴를 100g 단위로 거래하도록 되어 있다. 현물 거래가 '1주'씩 이뤄지는 것과 달리 선물은 '1계약'씩 매매가 이뤄진다.

만기 날 '배째라' 해도 선물 거래가 이뤄질 수 있는 이유

선물을 거래하기 위해선 선물 계좌에 '기본예탁금' 명목으로 1천만원이 있어야 하고, 선물 매수·매도를 하려면 추가로 돈이 더 필요하다. 또한 나중에 계약을 이행할 수 있는지 여부를 보증하기 위해 최소한의 보증금을 유지할 필요가 있다. 보통 이 보증금은 총 선물 계약 규모의 10% 이내에서 정해진다. 100만원어치 선물 거래를 하려면 10만원만 있으면 되니 적은 돈으로 큰 규모의 거래를 할 수 있어 '레버리지 효과(leverage effect)'가 크다고 말한다. 코스피200지수 선물의 경우 1계약당 25만원이다.

이때 매수자와 매도자가 시장에서 직접 선물을 거래하진 않는다. 만기에 실제로 거래가 오가지 않을 경우를 대비해 계약 이행을 보증할 제3자가 매수자와 매도자 사이에 껴서 대신 거래를 해준다. 매도자의 거래 상대방은 매수자가 아닌 청산소가 되는 셈이다. 이 청산소의 역할을 한국에선 한국거래소가 맡는다.

청산소가 있기에 선물 투자자들은 거래 상대방이 만기에 계약을 제대로 이행할 수 있을지 여부에 대해 의심하거나 일일이 따질 필요 없이 안심하고 거래를 할 수 있게 된다. 만기 날 선물 가격이 지나치게 올랐다고 매수자가 못 사겠다며 '배째라' 하고 나와도 거래가 완료될 수 있는 이유다.

그렇다면 한국거래소는 '배째라' 하는 투자자를 상대로 거래를 완료시킬 수 있을까? 답은 'YES'다. 이는 일일정산제도가 있기 때문이다. 청산소는 당일 장이 끝난 후 종가를 기준으로 하여 매일의 정산가격을 발표한다. 이 가격을 기준으로 모든 거래 참여자들의 아직 청산하지 않은 계약(미청산계약)에 대한 잠정이익과 손실을 정산한다.

정산 결과 투자자의 증거금이 유지증거금 이하의 수준으로 떨어졌다면 추가증거금을 납부하라고 독촉한다. 일일정산 기능을 통해 계약 당사자들로 하여금 일정수준의 증거금을 유지하도록 해서 계약불이행 위험을 미리미리 방지하는 것이다.

참고로 개시증거금은 계약과 동시에 내야 하는 증거금이고, 유지증거금은 선물계약 기간 동안 일정 수준 이상 유지해야 하는 증거금 기준이며, 추가증거금은 유지증거금이 부족해 추가로 내야 하는 증거금이다.

예컨대 A씨가 7월 1일 100만원으로 선물 1계약을 매수했다고 치자. A씨는 이 거래를 위해 개시증거금으로 15%에 해당하는 15만원을 낸 상태이며, 이 선물의 유지증거금은 10만원이다. 그런데 이튿날인 7월 2일, 선물 가격이 90만원으로 하락해 손실이 10만원 발생한다면? 개시증거금으로 넣어놨던 15만원에서 10만원이 감소해 계좌에는 5만원만 남게 되고, 유지증거금 10만원을 밑돌게 된다.

그러면 한국거래소는 추가증거금을 납부하라는 요구, 이른바 '마진콜(margin call)'에 나선다. 마진콜을 받은 투자자는 이번엔 개시증거금인 15만원으로 다시 채우기 위해 추가증거금으로 10만원을 더 내야 한다. 유지증거금을 밑돈다고 해서 유지증거금만큼만 맞추면 되는 게 아니라, 애초 계약을 시작하면서 냈던 증거금만큼을 다시 채워놔야 하는 셈이다.

선물 계약은 원할 때 종료시킬 수 있다

한편 선물 거래는 꼭 만기가 아니더라도 투자자가 언제나 종료시킬 수 있다. 내 계약을 내가 거두면 된다. 즉 매수자의 경우 선물계약을 반대로 매도하고, 매도자의 경우 선물계약을 매수하면 가능한 것이다. 이를 '반대매매'라고 부른다. 만약 만기까지 계약을 유지하고 있다면 만기 날 실물을 인수해서 계약을 끝낼 수 있고, 실물을 인수하지 않고 가격 차이만 현금으로 차액결제해서 계약을 종료시킬 수도 있다.

만약 계약의 만기를 연장하고 싶다면 현재 갖고 있는 선물 계약을 일단 청산한 뒤 다음 만기의 동일한 포지션의 계약을 새로 맺으면 된다. 매수 선물 계약을 유지하고 싶다면 일단 지금 선물은 청산하고, 다음 만기의 매수 선물을 다시 사들이는 것이다. 이를 '롤오버(roll-over)'라고 부른다.

미결제약정은 시장의 앞날을 예고한다

만기 전날까지 청산되지 않은 채로 보유하고 있는 계약을 '미결제약정'이라고 부른다. 미결제약정은 실시간으로 시장에 발표되며, 중요한 투자지표로 사용된다.

상승 또는 하락 추세에서 해당 미결제약정이 증가하면 지금의 추세를 지속시킬 자금이 유입된다고 판단할 수 있고, 반대로 미결제약정이 감소하면 자금의 유출 및 추세가 전환되거나 반전될 것을 예측할 수도 있기 때문이다.

또 만기일의 미결제약정은 특히 중요하다. 차익거래와 연계된 미결제약정의 경우 파생상품이 자동 청산되면서 이에 대응해 보유한 주식의 대량 매도가 발생하기 때문이다.

많은 사람들이 지금보다 만기 날 지수가 더 오를 것 같다고 생각하면 당장은 선물가격이 주가지수(현물가격)보다 더 비싸진다. 그러나 결국 만기일이 가까워질수록 선물가격과 주가지수는 똑같아지기 마련이다. 미래가 가까워질수록 주가지수가 그 미래 가치를 반영해 오르면서 미리 올라있던 선물가격과 비슷해지기 때문이다.

그래서 선물과 주가지수가 차이가 났을 때 싼 걸 사들이고 비싼 걸 팔아 차익을 올리는 차익거래에 나선다. 선물이 싸고 주가지수가 비싸면 선물을 사고 주가지수를 매도(공매도)하는 매도차익거래를, 반대의 경우에는 선물을 팔고 주가지수를 사는 매수차익거래를 한다.

그런데 만기 날이 되면 이 선물을 청산해야 한다. 만약 선물을 팔고 주가지수를 샀던 투자자라면, 반대로 선물을 사고 주가지수를 팔아야 한다. 이 차익거래 규모가 커지게 되면 주식시장에 충격을 줄 수 있다. 만기일 근처에 미결제약정이 현물시장의 변동성과 주가의 방향을 예측하는 중요한 정보로 활용되는 이유다.

주식시장에서도
보험을 사고판다고요?

약속한 날짜에 정해진 가격으로 주식을 거래할 수 있는 '권리'를 사고판다면?
그것이 바로 옵션거래! 막상 만기에 내가 생각한 것과 다르게 주가가 결정된다면?
권리를 포기하면 돼!

매년 겨울철부터 봄철까진 황사, 미세먼지로 마스크 장사가 잘 된다. 돈 되는 것은 다 떼다 파는 김씨는 8월 정도에 마스크 공장 사장 이씨를 찾아가서 계약금 500만원을 제시하며 11월쯤에 마스크를 현재 가격인 장당 500원에 10만장 살 수 있을지 물었다. 이씨는 마스크가 잘 팔리다 보니 주변에서 너도나도 마스크 공장을 차려 마스크 값이 똥값이 될까봐 걱정이었던 차에 잘 되었다 싶었다.

드디어 11월이 되었다. 예상치 못했던 신종 코로나 바이러스까지 겹치자 마스크 도매가격이 장당 2천원으로 치솟았다. 김씨는 마스크 가격을 1,500원이나 더 싸게 구입해 총 1억 5천만원의 이익을 얻었다. 여기에 계약금으로 지급한 500만원을 제하더라도 1억 4,500만원의 이득을 본 셈이다. 반면 이씨는 1억 4,500만원의 손해를 봤다.

반대로 11월에 마스크 공급이 넘쳐서 마스크 도매 가격이 200원으로 떨어진다면, 김씨는 3천만원 손해를 보느니 300만원 계약금을 포기하고 말 것이다.

김씨와 이씨는 옵션 계약을 체결한 것이다. 옵션 계약은 선물 계약과 비슷해보이지만 미리 정해진 가격(행사가격)에 정해진 기간 내에 매수 또는 매도를 할 수 있는 권리를 매매한 것이다. 그 권리는 가격이 맞으면 행사할 수 있지만 가격이 맞지 않으면 포기하면 된다.

만약 김씨, 이씨가 선물 계약을 체결했다면 김씨는 마스크 가격이 하락했어도 300원 웃돈을 쥐가며 마스크를 샀어야 했을 것이다. 그러나 옵션 거래에선 옵션 매수자는 권리만 있을 뿐 의무는 없고, 옵션 매도자는 권리는 없고 의무만 있다.

이는 흡사 보험 계약과 비슷하다. 운전자는 매달 자동차 보험사에 보험료를 지급하고 사고가 났을 경우 보험금을 탈 수 있는 권리를 매수한다. 그러다 사고가 나면 운전자는 보험금 청구권을 행사해 납입한 보험료의 몇 배에 달하는 보험금을 지급받는다. 사고가 발생하지 않아도 불안감을 안정감으로 바꾼 대가로 보험료를 지급했다고 생각하면 된다.

4가지의 옵션 매매

옵션은 크게 콜옵션과 풋옵션으로 나뉜다. 콜옵션은 미래에 정해진 가격에 살 수 있는 권리이고, 풋옵션은 미래에 정해진 가격에 팔 수 있는 권리다. 콜옵션, 풋옵션 모두 매수, 매도가 가능하다. 김씨는 마스크에 대해 콜옵션 매수를 했고 이씨는 콜옵션을 매도한 것이다. 콜옵션 매수자인 김씨는 권리를 행사하거나 포기할 수 있는 선택권이 있지만 이씨는 선택권이 없다.

또한 김씨는 가격이 맞으면 콜옵션 권리를 행사해 이론적으로 무한대의 이익을 얻을 수 있는 반면 김씨가 손실을 볼 수 있는 금액은 딱 500만원이란 계약금에만 한정되어 있다. 거꾸로 이씨의 이익은 500만원이란 계약금으로 한정되어 있는 반면 손실은 무한대다. 마스크 값이 오르면 오르는 대로 손실이 커지기 때문이다.

이는 풋옵션 매매에서도 똑같이 적용된다. 풋옵션 매수자는 계약금만큼 손실이 한정되고 이익은 무한대다. 반면 풋옵션 매도자는 이익은 한정되고 손실은 무한대다.

마스크 공장 사장 이씨는 마스크 공급이 넘쳐나서 8월에 500원하던 마스크가 11월이 되면 200원으로 떨어질 것 같다는 생각이 들었다. 그래서 마스크를 어떻게든 미리 팔고 싶은데 때마침 김씨가 나타났다. 마스크 가격이 오를 것이라고 생각하는 김씨에게 계약금 500만원을 주면서 "11월이 되면 내 마스크를 500원에 10만 장만 사달라"고 요청한다. 김씨는 '얼씨구나' 하고 그 계약을 받아들인다. 이씨는 풋옵션 매수를, 김씨는 풋옵션 매도를 한 것이다.

11월이 되고 마스크는 2천원으로 급등했다. 김씨는 1,500원이나 싼값에 마스크를 샀으니 이득을 봤을까? 아니다. 이씨는 500만원 계약금만 김씨에게 주고 마스크를 팔지 않았다. 반대로 마스크 가격이 이씨가 예측한 대로 200원으로 떨어졌다. 이씨는 김씨에게 약속한 대로 마스크를 500원에 사라고 요구한다. 김씨는 울며 겨자먹기로 웃돈 300원을 주고 마스크를 사야 한다. 현재보다 가격이 오를 것 같다면 김씨처럼 '콜옵션 매수, 풋옵션 매도'를, 가격이 하락할 것 같다면 이씨처럼 '콜옵션 매도, 풋옵션 매수'를 하면 된다.

코스피200옵션 거래는 어떻게?

옵션 계약을 주식시장에 적용해보자. 옵션 거래를 하기 위해선 선물·옵션 계좌를 별도로 개설해야 한다. '자본시장과 금융투자업에 관한 법률'에서 정한 전문투자자는 기본예탁금 없이 선물·옵션 거래가 가능하지만, 그렇지 않은 일반 개인투자자는 계좌에 기본예탁금으로 1천만원 이상 있어야 하고 옵션 매도 거래를 하기 위해선 2천만원 이상 있어야 한다. 기본예탁금을 채워야 하는 것 외에 사전 교육 1시간을 받고 3시간 모의거래를 해야 한다(2020년 8월 기준).

자격을 갖췄다면 가장 거래가 활발한 코스피200옵션을 매매해보자. 코스피200옵션은 코스피200 가격을 중심으로 콜 277.5, 콜 280.0, 콜 282.5, 콜 285.0, 풋 250.0, 풋 252.5, 풋 255.0 등으로 2.5포인트 단위로 쪼개 인위적으로 만든 상품으로 각각 개별 옵션 종목이 된다.

'코스피200 C 202007 277.5'는 2020년 7월 만기일에 코스피200을 277.5포인트에 매수할 수 있는 콜옵션 상품이다. 6월 1일 코스피200 시세가 275.0인데, 코스피200이 오를 것 같아 코스피200 옵션 7월물 콜 277.5를 5.0포인트의 프리미엄(계약금)을 주고 10계약 샀다고 하자. 콜옵션 매수자가 콜옵션 매도자에게 줘야 하는 계약금은 10계약, 25만원(옵션 계약 매매단가), 5포인트를 곱해 1,250만원이다.

7월 만기일이 되어 코스피200이 287.5가 되었다면 콜옵션 매수자는 권리를 행사해 차익만큼을 벌게 된다. '(287.5-277.5)× 10계약×25만원'으로 2,500만원을 번다. 계약금을 제하면 1,250만원이 떨어진다. 원금 1,250만원을 걸고 100% 수익률을 낸 것이다. 반대로 7월 만기일에 코스피200이 270.0이 되었다면 계약금만큼 손실을 보고 권리 행사를 포기하게 된다. 콜옵션, 풋옵션을 매수했는데 만기일에 아무래도 손해를 볼 것 같다면 만기일 전에 시장에 내다팔아 손절할 수도 있다.

언뜻 보면 콜옵션이든 풋옵션이든 매수자가 권리를 갖고 손실도 계약금만큼으로 제한되니 이득처럼 보인다. 콜옵션, 풋옵션 매도자는 권리를 팔아버려 이익은 계약금으로 제한되고 손해는 무한대니 말이다.

그러나 현실적으로 보면 옵션 매도가 더 승률이 높다는 분석이 나온다. 코스피200 시세가 260인데 앞으로 오를 것 같아 270에 사겠다는 콜옵션 매수 계약을 체결했다. 그런데 막상 만기일이 되어 보니 시세가 오르긴 했는데 코스피200지수는 265밖에 오르지 않았다. 만기일에 가까워질수록 옵션의 가치까지 떨어지면서 프리미엄(계약금)이 상승해 수익률이 떨어진다. 콜옵션 매수의 경우 올랐어도 270 이상으로 올라야 이익이 생기게 되는 것이다. 반면 270에 콜옵션 매도를 체결한 경우라면 코스피200이 떨어져도 이득이고 270선 미만에서만 움직여도 이득이다.

풋옵션 매수와 매도도 살펴보자. 코스피200시세가 260인데 떨어질 것 같아 250에 풋옵션 매수 계약을 체결했다. 그런데 만기일에 가보니 떨어지긴 했는데 255까지밖에 떨어지지 않았다. 이때 풋옵션 매수자는 권리 행사를 포기해야 한다. 반대로 250에 풋옵션 매도 계약을 한 경우엔 코스피가 올라도 이익, 코스피가 떨어져도 250선 위에만 있어도 이득이다. 즉, 풋옵션 매도는 기초자산 가격이 일정 수준 밑으로 하락하지 않으면 정해진 이득을 보는 스텝다운형 주가연계증권(ELS)과 수익 구조가 같다.

다시 보험 얘기를 해보자. 자동차 사고가 발생할 경우엔 보험사가 손해다. 그러나 자동차 사고가 발생하지 않는 한 보험사는 보험금을 지급하지 않고 꼬박꼬박 보험료를 받으면서 이익을 취할 수 있다. 콜옵션, 풋옵션 매도는 보험사가 취하는 포지션인 반면 콜옵션, 풋옵션 매수는 보험 가입자의 포지션이다.

옵션 매도는 손실 위험이 크지만 돈을 벌 확률이 높고 옵션 매수는 손실 위험은 적지만 돈을 벌 확률은 낮다. 이런 특성으로 인해 옵션 매수시에는 증거금 없이 매수금액 전액만 있으면 되지만, 매도시에는 매도 금액의 3~10배 금액이 증거금으로 필요하다.

ELS는 ETF, ETN처럼 'E'자 돌림인데
HTS에서 살 수 있나요?

은행, 증권사 근처에 가본 사람이라면 한번쯤 'ELS(Equity Linked Securities, 주가연계증권)'란 말을 들어봤을 것이다. ELS는 한때 국민 재테크 상품으로 불렸을 정도로 인기를 끌었다. 2019년 하반기 독일 국채 금리가 마이너스로 떨어지면서 엄청난 손실을 낸 DLS와는 형제 관계다.

✏ 주가를 두고 증권사와 투자자가 벌이는 게임, ELS

ELS는 ETF(상장지수펀드), ETN(상장지수증권)처럼 'E'자로 시작하지만 HTS에서 거래할 수 없다. ETF, ETN의 'E'는 'Exchange'로 한국거래소 (KRX, Korea Exchange)에 상장되어 거래된다는 의미이지만 ELS의 'E'는 주식을 뜻한다.

ELS는 증권사가 투자자에게 특정 주가지수나 종목의 가격이 일정 수준으로만 하락, 상승하지 않으면 사전에 정해진 이자를 주기로 약속한 상품이다.

또한 ETF, ETN이 기초자산 가격 변동에 따라 수익률이 결정된다면, ELS는 기초자산 가격이 하락하더라도 일정 범위 내에서만 있다면 이익을 얻을 수 있다는 측면에서 다르다.

ELS는 증권사와 투자자가 벌이는 게임이라고 생각하면 쉽다. 게임의 룰은 증권사가 정한다. 이 게임에서 이길 수 있다고 판단한 투자자는 은행, 증권사를 통해 ELS에 가입하게 된다.

투자자는 게임에서 이기면 수익을 낼 수 있다고 하지만 증권사는 이 게임을 왜 할까. 투자자에게 자금을 조달해 채권 운용 수익 등을 내기 위해서다. 수익을 낸 돈으론 투자자에게 이자를 주고, 남은 돈은 증권사 주머니로 들어간다.

우리나라에서 가장 많이 발행되는 ELS는 코스피200지수, S&P500지수, 유로스탁스(EuroStoxx)50지수, 니케이225지수, 홍콩 항셍지수, 홍콩 항생중국기업지수(HSCEI·H지수) 등 국내외 주가지수를 기초자산으로 한 지수형 ELS로, '지수가 일정 구간 아래로 하락한 적이 없다면 이자를 줄게'라고 내건 스텝다운(Step-down)형 구조가 많다. 그러니 ELS는 주가지수가 많이 하락했을 때 가입하는 것이 안전하다.

✏️ 게임 기간은 3년, 기회는 5번

통상 3개 지수를 기초자산으로 3년 만기로 발행된다. 만기 때 한꺼번에 원금과 이자를 상환하는 것이 아니라 6개월마다 조기 상환이 가능한지를 평가해 지수가 증권사가 정한 기준선 안에만 있으면 조기 상환된다.

만약 기준선 밖에 있다면 6개월을 더 기다렸다가 다시 조기 상환이 가능한지 평가한다. 최종 만기일까지 총 5번의 조기상환 기회가 주어진다.

코스피200, S&P500, 유로스탁스50을 기초자산으로 3년 만기, 6개월 조기상환(90-90-80-80-70-70), 연 6% 이자를 지급하는 ELS가 있다고 하자. ELS를 가입했던 시점의 지수 가격을 100이라고 하면 3개 기초지수 중 어느 하나라도 6개월 또는 1년 후 90 밑으로 하락한 적이 없다면 조기 상환된다. 코스피 지수가 1900일 때 가입했다면 1710 이상이면 조기 상환된다. 조기 상환에 실패했다면 1년 6개월 또는 2년 후에는 80 밑으로, 2년 6개월 또는 최종 만기일에는 70 밑으로만 하락하지 않으면 연 6%의 이자가 지급된다.

최종 만기일에 기초지수 어느 하나라도 70 밑으로 빠져 있다면 어떻게 될까? 이 역시 증권사가 사전에 정한 게임 룰에 따라 하락분만큼 원금 손실이 날 수 있다.

그러나 경우에 따라선 하락분의 몇 배가 원금에서 까이기도 한다. 2019년 독일 국채 금리 DLS의 경우 기준선에서 벗어난 경우 하락폭의 몇 배만큼 손실이 나도록 설정해 원금 손실폭이 커졌다.

증권사가 이자를 더 주겠다고 하고 게임을 더 어렵게 만들 수도 있다. 3년 만기 내에 기초지수 중 어느 하나가 50 밑으로 하락했을 경우 만기 때

반드시 70 이상으로 올라와야 이자를 지급하겠다고 조건을 내건 상품도 있다. 이를 '낙인(Knock-in)'이라고 한다. 낙인 ELS는 노낙인(No Knock-in) ELS보다 이자를 더 많이 준다. 손실 가능성이 더 높기 때문이다.

DLS(파생결합증권, Derivative Linked Securities)는 ELS와 구조가 같다. ELS가 주가지수나 삼성전자 등 종목을 기초자산으로 하는 반면 DLS는 환율, 원유, 금리 등 주식을 제외한 상품을 기초자산으로 한다는 점이 다를 뿐이다.

ELS나 DLS에 가입하기 전에는 상품 구조에 대해 한 번쯤 생각해봐야 한다. ELS와 DLS는 투자자가 얻을 수 있는 이익에는 한계선(연 6%라면 3년 만기시 18%)이 있는 반면 손실에는 한계선이 없다는 점이다. 기초자산이 증권사가 정한 기준선 밖으로 벗어나면 원금이 0이 될 수도 있다. 은행 금리보다 훨씬 높은 이자를 주겠다는 상품은 그만큼 위험도 큰 셈이다.

주식시장은 이미 미래를 반영하고 있다. 방구석에서 클릭 몇 번만 하면 일도, 쇼핑도, 교육도 가능한 시대. 기름을 넣지 않아도 운전자가 없어도 차가 구르는 시대를 반영한 종목들이 이미 시장에서 높은 가격을 받고 거래되고 있다. 고령화 시대에 맞춰 덜 아프고 오래 살 수 있는 약을 만드는 회사에도 이목이 쏠린다. 7장에선 최근 시장에서 주목받고 있는 여러 성장주를 각 테마에 맞춰 소개한다.

7장

그래서 요즘은
뭐가 제일 잘나가요?

4차 산업혁명 이후
주식시장이 변했다

예전엔 석유 없이 못살았다고?
이젠 데이터 없인 생활이 안 되는 시대다.
심지어 코로나19가 닥치면서 이 데이터의 몸값은 천정부지로 더 높아졌다!

정씨는 오랜만에 만난 친구에게 한 인터넷 사이트에서 시켜 먹었던 수육 얘기를 꺼냈다. 너무 맛있다며 친구한테 추천을 하고 싶은데 도저히 사이트 이름이 기억나질 않았다. 아쉬웠지만 대화는 다른 주제로 넘어갔고, 이런 저런 얘기를 하던 중 정씨와 친구 모두 인스타그램을 한다는 것을 알게 되었다. 정씨와 친구는 그 자리에서 맞팔을 맺었다.

그런데 맞팔을 맺자마자 친구 인스타그램에 정씨가 기억이 나질 않아 말할 수 없었던 그 수육 사이트가 떴다. 인스타그램의 데이터 작동 방식이 어떤지는 알 수 없으나 인스타그램은 친구가 정씨와 맞팔을 맺으니 정씨가 좋아하는 취향을 친구도 좋아할 것이라고 판단한 것이다. 정씨는 '우리 얘기를 누가 엿듣고 있다' 싶은 오싹한 기분이 들었다.

4차 산업혁명에선 '데이터'가 석유

한때 부자의 상징적인 인물은 중동의 석유 부자 '만수르'였다. 둘러보면 이것도 만수르 회사, 저것도 만수르 빌딩이었던 것이다. 그런데 4차 산업혁명에선 데이터가 석유다. 석유는 우리가 살아가는 데 있어 쓰이지 않는 곳이 없으니 석유를 갖고 있는 사람들이 승자다. 그런데 데이터 역시 석유 같은 역할을 하게 된다는 게 4차 산업혁명의 핵심이다.

손정의 소프트뱅크 회장은 "데이터는 산업혁명 시대의 석유 같은 자원"이라고 말했고, 마윈 중국 알리바바 회장은 "빅데이터가 21세기의 원유"라고 말했다. 로이드 블랭크페인 골드만삭스 회장은 2015년 '골드만삭스는 IT회사'라고 선언했고, 주식 매매 트레이더 600여 명을 컴퓨터 소프트웨어로 대체했다.

'4차 산업혁명'이란 말이 전 세계 관심을 받은 때는 2016년 6월 스위스에서 열린 다보스 포럼에서였다. 그해 11월 미국 제45대 대통령을 뽑는 선거에선 인공지능이 여론조사보다 더 정확하게 선거 결과를 예측해 전 세계를 놀라게 했다. 여론조사에선 힐러리 클린턴 민주당 후보가 당선될 것이라고 예상했으나 제닉 AI가 개발한 인공지능 모그(Mog)는 도널드 트럼프 공화당 후보가 이길 것이라고 전망했다.

2017년 이후엔 페이스북, 아마존, 애플, 마이크로소프트, 구글 등 소위 'FAAMG' 기업들의 주가가 급등하며 투자자들의 관심이 커졌다. 비슷한 시기 데이터 혁명의 '쌀' 같은 존재인 반도체가 최대 호황기를 맞으며 삼성전자, SK하이닉스의 주가도 폭등했다.

전기자동차 업체 테슬라는 2020년 8월, 도요타와 벤츠 등 쟁쟁한 회사를 누르고 전 세계에서 가장 시가총액이 큰 자동차 회사가 되었다. 테슬라의 전기자동차는 자동차를 전통적인 이동수단의 개념이 아니라 자율주행, 인터넷 등이 결합된 소프트웨어의 관점에서 접근했다는 게 기존 자동차 회사와 차별화된 점이다.

전통 제조업체인 자동차는 이제 자동차만으론 살아갈 수 없고 소프트웨어와 결합해야 미래가 열린다. 전 세계 모든 자동차 회사들이 위기 의식을 느끼고 전기차, 수소차 개발에 힘쓰는 이유다. 환경 규제 움직임이 강화된 이유도 있지만, 자동차라는 껍데기 안에 자율주행, 인공지능 기술을 집합시키는 데 역량을 모으고 있다. 이를 위해선 도로 곡선, 경사 등의 정보가 응축된 정밀 지도, 무선통신을 활용한 자동차와 자동차, 자동차와 보행자 간 정보 교환, 초고속 데이터 전송이 가능한 5G기술 등이 함께 발전되어야 한다. 관련 분야 모두가 미래 성장 동력이 될 수 있다.

스마트폰을 생각해보자. 스마트폰을 특정 상대방과 전화하고 문자를 보내는 데 더 많이 사용하는지, 아니면 페이스북, 인스타그램 등 SNS(소셜네트워크서비스)나 유튜브, 온라인 쇼핑을 하는

데 더 많이 사용하는지 말이다. 스마트폰은 전화기인가, 전화 기능이 있는 소프트웨어인가? 4차 산업혁명에선 후자에 더 주목한다.

코로나가 밀어 올린 언택트

우연인지, 운명인지 모르겠으나 2020년 발발한 신종 코로나 바이러스는 우리 삶에 4차 산업혁명이 더 깊숙이 침투하는 계기를 마련해줬다. 바이러스 확산을 우려해 '접촉하지 않는'이란 뜻의 언택트(Untact) 문화가 확산되었다. 재택 근무, 원격 교육을 비롯한 원격 의료의 필요성이 높아진 것이다. 전 세대가 온라인 쇼핑에 진입하는 계기도 마련해줬다.

2020년 2월 대구에서 코로나 확산이 심해지자 대구 시민들은 집에 발이 묶였다. 대구에 인터넷에 서툰 고령의 부모님이 사는 이씨는 쿠팡 등 인터넷 쇼핑몰을 이용해 식자재 거리를 주문하고 대구 부모님댁으로 배송시켰다. 이는 단순한 쇼핑이 아니다. 온라인 플랫폼 업체인 네이버, 카카오의 편리한 금융 결제 시스템에 발을 들이는 것이고, 이들이 소비자가 무엇을 검색하고 무엇을 필요로 하는지 빅데이터를 만드는 과정에 더 가까이 다가간 것이다.

우리나라에서도 코로나 이후 주가가 급등한 종목은 네이버, 카카오 등 온라인 플랫폼 업체, 삼성바이오로직스와 셀트리온 등 바이오 회사, 삼성SDI와 LG화학 등 2차 전지 업체였다.

인터넷 여왕이라 불리는 메리 미커(Mary Meeker) 본드캐피탈

공동 창업자는 매년 '메리 미커 리포트'라는 보고서를 발표하는데, 그녀는 IT트렌드와 향후 산업에 미칠 영향을 정확히 예측하는 것으로 유명하다. 그녀는 2020년 4월 보고서에서 코로나 이후 전 세계 기술 산업이 빠르게 재편될 것이라고 내다봤다. 코로나는 바이러스에 감염될 가능성이 없는 인공지능(AI) 로봇의 의료 시스템 필요성을 높이는 계기가 되었다.

메리 미커는 원격 의료 등 헬스케어 분야에서 자동화, AI의 접목이 가속화될 것으로 예측했으며, 재택 근무, 원격 근무 등이 오히려 생산성을 높였고 줌, 마이크로소프트, 구글 등 화상회의 관련 업체들의 수요가 늘어날 것이라고 전망했다. 또한 유통의 온라인화도 가속화될 것이라고 봤다. 코로나 이후 오프라인 식당이 불안해진 사람들은 온라인으로 주문해 맛과 편리함을 동시에 누렸다.

코로나가 종식된다고 해도 한 번 바뀐 세상은 다시 과거로 돌아가지 않는다. 4차 산업혁명에 맞는 산업 재편이 이뤄지고 산업 재편에 가장 빠르게 반응하는 주식시장이 먼저 움직였을 뿐이다. 주가는 매일 오르내리지만 주식시장을 장기적으로 보면 거대한 흐름이 녹아 있다. 그 흐름은 거스르기 어렵고 이에 빠르게 적응하는 기업만이 살아남을 수 있을 것이다.

투자 관점에서도 마찬가지다. 4차 산업혁명을 진두지휘할 기업과 변화에 따라가지 못하고 도태될 기업이 크게 나눠지는 분기점이 다가오고 있다. 어느 기업에 투자할 것이냐에 따라 희비가 명확하게 갈릴 것이다.

코로나가 만든 세상,
언택트에 주목하자

집에서 먹고, 집에서 쇼핑하고, 집에서 일하고, 집에서 공부하고.
코로나19로 인해 사람들이 바깥 생활을 기피하면서
언택트 관련 종목의 몸값은 더 올라갔다.

　　이불 밖은 정말 위험했다. 신종 코로나 바이러스가 창궐하자 전 세계인들은 집 밖에 나갈 수 없었다. 모든 일은 집 안에서 해결해야만 했다. 이전에도 배달의 민족으로 음식을 시켜먹고 쿠팡으로 생필품을 주문하는 일은 종종 있었지만, 이제는 하지 않으면 안 되는 상황이 된 것이다.

　　또한 하루 종일 넷플릭스(Netflix)만 보는 날도 늘었다. 넷플릭스 시청마저 지칠 즈음엔 닌텐도 스위치로 게임을 즐겼다. 너무 뒹굴기만 한 탓에 살이 쪘다는 위기감이 들면 실내 자전거로 '홈트(홈트레이닝)'에 열중했다. 코로나는 대면 접촉 없이 이루어지는, 즉 언택트(Untact) 경제활동을 가속화시켰다.

외식 대신 집밥을, 마트 대신 네이버를

코로나는 당장 의식주부터 언택트화시켰다. 밖에 나가서 밥을 먹는 대신 식재료나 간편식을 배달시켜 집에서 먹는 일이 증가했다.

농심, 오리온, CJ제일제당, 풀무원 등 간편식을 만드는 업체들의 주가가 빠르게 올랐다. 집에서 밥을 해 먹는 사람들이 간편하게 먹을 수 있는 농심의 라면을 시켜먹는 일이 많아졌기 때문이다. 집에 있다 보니 간식을 찾는 사람도 늘어나면서 오리온의 제과도 활황이었다.

한편 라면만 먹는 게 지겨워질 때쯤 CJ제일제당과 풀무원 등의 업체가 내놓는 간편식 밀키트가 관심을 받기 시작했다.

이 모든 것들은 인터넷으로 주문해야만 했다. 마트에 갔다간 바이러스에 감염될 수도 있기 때문이었다. 쇼핑도 오프라인에서 온라인으로 넘어왔다. 네이버 페이를 통해 온라인 쇼핑을 하는 사람이 늘어나면서 네이버는 수혜를 입었다. 같은 이유로 미국에서는 아마존(Amazon)의 주가가 큰 폭으로 상승했다. 반면 이마트, 신세계, 현대백화점, 롯데쇼핑 등 주력 사업이 오프라인에 맞춰져 있는 쇼핑 관련주들은 주가가 하염없이 떨어졌다.

온라인 쇼핑이 증가하면서 수혜를 입은 또 다른 종목은 바로 결제 관련주들이었다. KG이니시스, NHN한국사이버결제가 대표적인 수혜주다. 무엇을 사든 대부분 이들의 결제 시스템을 거쳐 돈을 지불해야 하다 보니 자연히 실적과 주가가 올랐다.

온라인에서 시킨 물건을 배달해주는 택배 관련주들도 관심을 받았다. 택배 업체 CJ대한통운의 주가가 오른 게 한 예다. 한편 택배에 쓰이는 골판지 수요 증가에 기대어 대림제지, 태림포장 등 골판지 관련주들도 강세를 보였다.

일도 공부도 취미생활도 모두 인터넷으로

코로나가 날로 심각해지자 여러 회사들은 재택근무를 택했다. 특히 미국의 화상회의 서비스 업체 줌(Zoom)을 쓰는 회사들이 많아지면서 줌은 1분기 매출이 169%나 급증하면서 주가도 하늘을 날았다.

학생들 역시 코로나에 학교도, 학원도 가지 못하는 상황이 벌어졌다. 초등학생이고 대학생이고 온라인 강의가 아니고서야 공부조차 하지 못하게 된 것이다. 이에 따라 아이스크림에듀, YBM넷, 메가엠디 등 홈스쿨링 관련주들이 주목을 받고 주가가 오르게 되었다.

아이스크림에듀는 초중등 대상 스마트러닝 서비스를 제공하는 기업이며, YBM넷은 인터넷 어학 원격강의를 제공하는 업체다. 메가엠디는 공인중개사를 준비하거나 법학전문대학원 등을 준비하는 성인들을 위한 인터넷 강의 서비스를 제공한다. 다만 이들은 실적이 뒷받침되지 않으면서 주가가 반짝 상승한 후 다시 퇴보하는 흐름을 보였다.

'집콕' 생활의 가장 큰 활력소는 넷플릭스(미국·Netflix)와 엔씨소프트, 닌텐도(일본) 등의 언택트 취미생활이었다. 여행을 다니거나 바깥 나들이를 가는 대신 집에서 영화를 보거나 게임을 즐기는 시간이 증가하면서 이들 콘텐츠주가 수혜를 입었다.

게임주 중에서는 엔씨소프트, 넷마블, 더블유게임즈, 네오위즈, 컴투스 등이 수혜를 입었고, 외국에서도 블리자드(미국), EA(미국), 넥슨(일본) 등이 주목을 받았다. 웹툰을 보는 사람도 증가하면서 웹툰 제작사 키다리스튜디오도 주가가 올랐다. 카카오역시 국민 메신저 카카오톡에 힘입어 핀테크 사업 등에서도 두각을 보이며 주가가 급상승했다.

이렇듯 온라인 생활이 원활하게 이루어졌던 건 튼튼한 인터넷환경 덕이었다. 인터넷 인프라 역시 언택트 시대의 수혜주로 꼽힌이유다. 또한 5G장비·부품 업체 케이엠더블유는 향후 5G 인프라 투자 확대에 대한 기대를 받았다. 미국에서는 데이터센터 리츠(Reits)인 에퀴닉스(Equinix)가 인기를 얻었고, 통신기지국(셀타워)리츠인 아메리칸타워 역시 각광을 받았다.

플랫폼 공룡이
인터넷 세계를 독점한다

모든 길은 로마로 통한다?
아니! 요즘엔 모든 길이 플랫폼으로 통한다네.
플랫폼엔 사람들이 모이기 때문에 무슨 사업을 벌려도 잘되지.

세계 최대 규모의 전자상거래 사이트 아마존(Amazon)은 제프 베조스의 조그만 창고에서 시작되었다. 별 다른 공간이 필요하지 않았다. 아마존은 직접 물건을 팔지 않으니까. 단지 물건을 파는 사람과 사려는 사람을 중매해줄 뿐이다. 이렇듯 판매자와 구매자 양쪽을 한군데로 끌어들여 새로운 가치를 창조하는 도구가 바로 '플랫폼(Platform)'이다.

하지만 그런 플랫폼이 이젠 권력이 되었다. 뭘 사고 싶든지, 뭘 팔고 싶든지 간에 사람들은 모두 아마존으로 모인다. 이렇듯 요즘은 인터넷에서 중매만 잘 서줘도 큰돈을 벌 수 있다. IT 공룡들이 전 세계 주식시장을 호령하고 있는 이유다.

모든 길은 포털로 통한다, 구글·네이버

구글(Google)은 어느새 명사가 아닌 동사가 되었다. 영어권 사람들은 검색한다는 말을 '구글해 봐(Google it)'로 치환해서 쓴다. 생각해 보면 한국 역시 마찬가지다. 사람들은 무언가 모르는 게 생겼을 때 '네이버에 쳐 봐'라고 곧잘 말하지 않는가? 사람들은 일단 뭔가 알고 싶으면 포털에 검색부터 한다.

구글과 네이버엔 공통점이 있다. 직접 콘텐츠를 제작하지 않는 포털 업체라는 사실이다. 대신 온갖 사람들이 모여들 수밖에 없게끔 만든다. 맛집이 궁금하면 남이 쓴 블로그 글을 검색하면 되고, 오늘 날씨가 궁금하면 날씨를 검색하면 된다.

언론사 역시 이들에게 일정 수수료를 받고 기사를 제공하므로, 뉴스가 보고 싶다면 포털에 접속하면 된다. 모든 길은 포털로 통하게끔 만든 게 이들의 경쟁력이다. 사람들이 많이 모이니 광고 수입이 오를 수밖에 없다.

카카오 역시 마찬가지다. 카카오톡만 켜면 뉴스를 볼 수 있고, 심지어 송금까지 할 수 있다. 대한민국의 거의 모든 사람들이 카카오톡을 이용하다 보니 카카오톡 광고 수입도 어마어마하다. 카카오는 '모든 이가 쓰는 카카오톡'이라는 명성을 토대로 증권업 등 각종 사업에 진출하기까지 했다. 카카오라는 플랫폼이 다양한 사업의 기반이 되고 있는 셈이다.

트위터(Twitter)와 페이스북(Facebook) 등 소셜네트워크서비스

(SNS) 사업자가 플랫폼 기업으로 분류되는 이유도 여기에 있다. 이들 SNS를 통해서 사람들은 특정한 관심사나 활동을 공유하고, 이렇듯 SNS 사용자가 증가하면서 광고수입도 더욱 늘게 되었다.

온갖 물건과 영상이 한군데에 다, 아마존·넷플릭스

아마존의 힘도 비슷한 맥락에서 나온다. 영어권 사람들은 무언가 사야 할 물건이 생기면 아마존에서 검색부터 한다. 아마존에는 옷이나 책뿐만 아니라 빨래판부터 곡괭이까지 온갖 물건들의 판매자가 있다는 확신이 있기 때문이다. 구매자는 아마존을 통해 판매자와 접촉해서 물건을 살 수 있다. 한국에선 쿠팡이 비슷한 일을 한다.

애플 또한 비슷한 이유로 플랫폼 기업에 속한다. 필요한 앱이 있으면 앱스토어를 통해 검색하면 되니 말이다. 애플은 아이폰을 제조하는 제조업체이기도 하지만, 동시에 앱 개발자와 사용자를 이어주는 장을 만들어 준 플랫폼 기업이기도 하다.

넷플릭스(Netflix) 역시 마찬가지다. 사람들은 넷플릭스 앱만 켜면 온갖 영화와 다큐멘터리 콘텐츠가 있다는 걸 안다. 영상을 보며 시간을 때우고 싶으면 넷플릭스만 켜면 된다. 넷플릭스는 콘텐츠를 자체 제작하기도 하지만, 대부분의 경우 이미 만들어진 콘텐츠를 잘 배열하기만 한다. 배열만 해놨을 뿐인데 수많은 사람으로부터 구독료를 받고 실적을 올리고 있다.

공유경제를 가능하게 한 플랫폼, 에어비앤비·우버

공유경제는 플랫폼의 토대 위에서 완성되었다. 앱이 없었다면 숙박시설이나 차를 빌려주는 사람을 실시간으로 찾기 어려웠을 테니 말이다.

우버(Uber)는 차량의 소유자와 이동이 필요한 사람을 모바일 앱으로 연결해주는 교통 플랫폼이고, 에어비앤비(Airbnb)는 당장 집을 쓰지 않는 집주인과 그런 집을 단기간 숙박시설로 이용하고 싶은 수요자를 연결해주는 숙박 플랫폼이다. 두 플랫폼은 서비스 제공자와 수요자를 연결해주면서 중개 수수료를 받아 성장한다.

독점 논란, 플랫폼 기업의 가장 큰 약점

플랫폼 기업은 그 명성과 강력한 지배력에 기대어 승승장구하고 있지만, 반대로 그 점이 이들의 약점이 되고 있기도 하다. 시장 지분을 지나치게 잡아먹어 독점적 지위를 영위하고 있기 때문이다.

자본주의는 자유로운 경쟁에서 꽃피며, 독점은 가장 지양해야 할 요소 중 하나다. 그래서 미국 정부는 구글, 아마존, 페이스북, 애플 등 IT 공룡들의 디지털 독과점을 여러 차례 문제시 했다. 높은 시장 점유율을 통해 가격을 좌지우지 하는 등 소비자에게 피해를 입힐 수 있다는 이유에서다.

또한 이들이 기존 플레이어들의 사업성을 잠식하고 있다는 점도 문제가 되고 있다. 예컨대 세상의 모든 물건을 파는 아마존의 경우, 옷가게와 서점뿐 아니라 백화점까지 문을 닫게 만들고 있다.

전문가들은 이런 독과점 이슈가 본격적으로 문제시될 경우 플랫폼 기업의 주가 역시 크게 하락할 수 있다고 우려하고 있다. 경제가 어려워질수록 이들에게 향하는 비판의 강도도 높아질 것이란 예상이다.

승자 독식의 시대를 우리 사회가 어디까지 용인할 수 있느냐의 여부에 따라 IT 공룡들의 주가가 더 갈 수 있을지 없을지 여부도 결정된다고 볼 수 있겠다.

핸들 잡지 않아도, 기름 넣지 않아도
차가 굴러가는 시대

하늘을 나는 자동차의 시대는 오지 않았지만,
이제 사람이 없어도 기름을 넣지 않아도 차가 굴러가는 시대는 왔다네.
새로운 자동차의 시대를 주식시장은 이미 반영하고 있다고.

'운전자'라는 말이 사라질 날이 얼마 남지 않았다. 운전대가 없는 자동차 시대가 가까워지고 있으니까. 이젠 주유소도 없어질 것이다. 더이상 자동차는 기름을 먹고 달리지 않을 테니 말이다. 주식시장은 이미 그런 미래 자동차 시대를 열렬히 환영하고 있다.

목적지만 입력하면 알아서 차가 움직이는 시대

미래 자동차 시대를 선도하는 종목은 미국의 테슬라(Tesla)다. 테슬라의 오토파일럿(Autopilot) 시스템은 목적지만 입력하면 운전자가 개입하지 않아도 알아서 해당 장소에 도착하게 만들어 준다. 차선도 알아서 바꾸고 고속도로 출구도 알아서 빠져나간다. 아직은 차선 변경 등에서 운전자의 동의를 얻지만, 머지않아 완전 자율주행으로 바뀔 것이라는 게 대부분 사람들의 생각이다.

자율주행 시스템에서 중요한 것이 교통정보 수집이다. 신호등이 빨간색인지, 신호 위반 단속 카메라는 없는지 확인해가면서 달려야 하기 때문이다. 국내에서는 만도가 첨단운전자보조시스템(ADAS)을 생산한다. 현재 만도는 '레벨2' 수준의 ADAS를 현대차 등 주요 모델에 납품하고 있다.

참고로 레벨0은 현재 우리가 타는 자동차처럼 운전을 하기 위해 손, 발, 눈, 두뇌가 모두 필요한 상태를 말한다. 레벨1은 브레이크와 가속페달을 밟지 않아도 달릴 수 있는 상태이고, 레벨2는 고속도로 등에서 운전자가 손을 놓고 주행이 가능한 수준을 일컫는다. 레벨3이 되면 자동차가 운전자에게 도움을 요청하기 전까지는 자율주행이 가능한, 즉 절반 정도 자율주행이 가능한 단계가 된다. 레벨4는 악천후와 같은 특정조건이 아닌 한, 운전자의 개입 없이 자율주행이 가능한 단계다. 레벨5는 운전자가 불필요하고 시스템이 모든 조건에서 주행을 담당하는 완전 자율주행 단계다. 이는 미국 자동차공학회(SAE)에서 분류한 것이다.

센서의 역할 역시 중요하다. 앞에 장애물이 있는지 없는지를 파악해야 안전한 주행이 가능하기 때문이다. 국내에선 아이쓰리시스템이 자율주행에 필요한 적외선 영상센서를 생산한다.

차량 전반을 제어할 두뇌도 필요하다. 차량용 반도체가 그 역할을 한다. 텔레칩스는 차량용 반도체 전문 업체다. 미국의 NXP 반도체는 차량용 반도체 매출 비중이 전체 매출의 48%에 달한다. 또 미국의 텍사스인스트루먼트 역시 앞으로 적극적으로 차량용 반도체 사업 비중을 늘리겠다고 밝혔다.

주유 대신 충전

점차 환경에 대한 관심이 높아지면서 기름 먹는 자동차의 시대도 끝나가고 있다. 유럽연합(EU)은 이산화탄소 배출 규제를 점차 강화하고 있는 모양새다. 이러한 규제와 함께 각국 정부들은 경기부양을 위해서라도 전기차 관련 지원에 막대한 예산을 쏟아붓고 있다. 이 과정에서 2차전지(전기차 배터리) 관련주들에 관심이 집중되고 있다.

한국의 대표적인 2차전지 대장주는 LG화학과 삼성SDI다. 이들은 2차전지를 직접 생산한다. 이 밖에 에코프로비엠, 천보, 일진머티리얼즈도 2차전지 관련주로 묶인다. 모두 2차전지에 들어가는 소재를 만드는 업체들이다.

전기 말고도 수소로 가는 자동차들에 대한 관심도 높아지고 있다. 그동안 수소차는 전 세계적으로 전기차에 밀려 큰 빛을 보지 못했고, 상당 부분 정책에 의존해 온 바 있다. 그러나 수소트럭 제조사 '니콜라'의 주가가 급등하는 등 수소차에 대한 관심이 높아지고 있다.

수소차 관련주로는 두산퓨얼셀, 에스퓨얼셀 등 수소연료전지 업체와 수소차 운전장치에 들어가는 전동식 워터펌프를 만드는 지엠비코리아가 언급된다. 또 수소 충전소를 운영 중인 이엠코리아, 수소충전소 보급 사업을 진행하는 효성중공업 등도 수소차 관련주로 꼽힌다. 효성첨단소재는 수소차 핵심 소재인 탄소섬유기술을 보유하고 있다.

불로장생을 꿈꾸는 시대, 바이오에 주목하자

백세시대가 되면서 환갑잔치를 여는 것조차 머쓱해졌어.
덜 아프고 오래 살기 위해서 우리는 여러 약을 먹기도 하지.
그렇다면 이런 약을 만드는 회사는 앞으로도 잘 나가지 않을까?

고령화 시대, 바이오만큼 관심을 받는 업종도 드물다. 국내 바이오는 크게 신약 개발 업체, 바이오 시밀러, 바이오 위탁생산(CMO)으로 나뉜다. 이중 투자자들에게 가장 큰 관심을 받는 분야는 신약 개발이다.

그러나 신약 개발은 '신기술인지, 신기루인지 모르겠다'는 말이 나올 정도로 성공률이 낮다. 신약을 개발하는 데 오랜 시간이 걸리는 데다 개발 성공률 자체가 낮기 때문이다. 대부분의 회사들이 긴 시간 적자를 기록하고 있지만 막연한 희망으로 주가는 높게 거래된다. 주가수익비율(PER)로는 주가를 제대로 설명하기 어렵다. 줄기세포 치료제, 표적항암제 등으로 테마를 형성하며 주가가 큰 폭의 등락을 보이는 경우가 많다.

신약 개발에 성공한다면 조 단위 수준의 연 매출을 기대할 수 있으나 주가를 띄우는 데 급급해 경영진들의 주가 조작, 자금 횡령 사례들도 나타나고 있어 신약 개발 업체에 투자할 때는 주의가 필요하다.

신약 개발 성공률 10%도 안 돼, '꿈을 먹고 산다'

신약 개발 업체들은 주로 '기술 특례'로 코스닥 시장에 상장되는 경우가 많다. 헬릭스미스 등이 대표 사례다. 기술 특례로 상장할 경우에는 기술평가기관 몇 곳에서 일정 수준 이상의 기술 등급만 받으면 적자여도 상장될 수 있다.

일반 코스닥 상장회사라면 5년 연속 영업적자를 낼 경우 상장폐지 관련 심사를 받게 되지만 기술 특례 상장사는 예외다. 상장 후 내내 적자여도 관계 없다.

좋은 기술을 갖고 있어도 이를 실제 상용화해 돈을 버는 데는 상당한 시간이 소요된다. 특히 신약을 개발하는 데는 더 오랜 시간이 걸린다. 신약을 개발하는 내내 자금이 필요하기 때문에, 상장 후 유상증자 등을 통해 자금을 쉽게 조달할 수 있게 하면서도 적자여도 상관없다고 특별히 용인해준 것이다.

실제로 국내 바이오 벤처 1호 바이오니아는 2005년 12월 코스닥 시장에 기술 특례로 상장한 이후 2009년 딱 한 번을 제외하고 2019년까지 매년 영업적자를 기록했다. 신약 개발은 빼놓을 수 없는 미래 먹거리이기 때문에 특혜 아닌 특혜를 준 셈이다.

그러나 신약 개발은 정말 꿈같은 일이다. 신약 물질을 개발하고 동물 실험(전 임상)을 실시하는 아주 기초적인 단계를 통과한 후 사람들을 모아 임상 시험에 들어가야 하는데 무려 세 차례의 임상 시험에 통과해야 한다. 임상 시험 이후에도 시중에 판매되기 위해선 별도의 판매 승인까지 받아야 한다.

미국 바이오협회에 따르면 미국 식품의약국(FDA)이 2006년부터 2015년까지 미국 제약사들을 분석한 결과 임상 단계별 성공률은 임상 1상이 63.2%, 임상 1상 통과 후 2상 성공률은 30.7%, 3상 성공률은 58.1%, 신약 판매 승인률은 85.3%다. 이는 어디까지나 미국 제약회사의 얘기이고 한 개의 신약이 임상 1상을 통과해 신약 판매 승인을 받기까지의 성공률은 고작 9.6%에 불과하다. 신약 개발 초기 단계에 있는 우리나라 제약사는 성공률이 이보다 더 떨어진다고 봐야 한다.

헬릭스미스는 2005년 국내 최초로 기술특례로 상장한 후 당뇨병성 신경병증 치료제를 개발해왔는데 2019년 임상 3상 결과 발표를 앞두고 위약군과 신약후보물질 투여군이 섞이는 오염이 발생했다. 15년 넘게 개발하고 있는 약에 도저히 이해할 수 없는 실수가 벌어졌다는 게 업계 평가였다.

신라젠은 2016년말 면역항암제 펙사벡 하나로 코스닥 시장에 상장해 한때 코스닥 시가총액 2위를 기록하기도 했으나 상장한 지 3년 만에 임상 3상이 중단된 데다 경영진의 주가 조작, 횡령 등이 드러났다.

국내에서 독자적으로 신약을 개발해 임상 1~3상을 통과하고 실제 판매 허가를 받은 곳은 SK바이오팜이 유일하다. SK바이오팜은 기면증 치료제 '수노시', 뇌전증 치료제 '엑스코프리'에 대해 각각 2019년 3월과 11월에 FDA 판매 승인을 받았다. SK그룹이 1993년 신약개발팀을 만들었다는 점을 고려하면 무려 27년의 시간이 걸린 셈이다. SK바이오팜의 신약 개발 성공은 'SK'라는 대기업의 지속적인 지원이 있었기에 가능한 것이었다.

한미약품, GC녹십자 등 기존 국내 제약사들도 복제약 제조와 판매 외에 신약 개발에 공을 들이고 있다. 그러나 신약 개발을 임상 3상까지 독자적으로 끌고 가는 데는 한계가 있다. 그로 인해 화이자, 사노피 등 글로벌 제약사와 기술 수출 계약을 맺기도 한다. 임상 2상, 3상 등을 글로벌 제약사에 맡기고 계약금과 임상 진행 단계별로 마일스톤(기술료)을 받는 식으로 계약이 진행된다.

기술 수출 계약이 가장 활발한 한미약품은 2012년 미국 스펙트럼과 지속형 호중구감소증 치료제 '롤론티스'를 시작으로 10여 건의 기술 수출 계약을 체결했다. 그러나 기술 수출 계약은 언제든 해지가 가능하다. 2016년 9월 베링거인겔하임과 체결한 내성 표적항암신약 '올무티닙'의 기술 계약 해지 이후 수차례 기술 계약이 해지되었다.

주식시장에선 제약사들의 기술 수출 계약 체결과 해지가 있을 때마다 주가가 크게 흔들렸다. 기술 수출 계약 초창기, 증권사들은 신약이 임상 3상을 통과해 판매된다는 전제 하에 기업 가치를 산정했다. 그러다 보니 기업 가치가 기술 수출 계약 한 건으로 인해 조 단위로 늘어났고 개인투자자들은 주식 매수에 열을 올렸다. 그러나 임상 3상까지 통과하는 것이 상당히 어려운 일인 데다 기술 수출 계약이 얼마든지 해지될 수 있다는 것을 경험적으로 알게 되면서 신약 개발에 대해 좀더 냉철한 시각을 가져야 한다는 데 공감대가 형성되었다. 기술 수출 계약이 해지될 경우 국내 제약사가 받을 수 있는 금액은 계약금 정도다.

만들기 어려운 복제약, 바이오 시밀러

국내 제약사들은 주로 특허가 만료된 글로벌 제약사의 화학 의약품을 복제한 제네릭을 생산·판매해왔다. 바이오 시밀러도 똑같은 복제약이긴 하나 세포나 조직 등 생물에서 뽑아낸 물질로 만들었다는 점에서 다르다.

가장 큰 차이는 만드는 데 필요한 시간과 돈이다. 제네릭은 한 개의 약이 특허가 끝나면 수백 개의 제네릭이 출시될 정도로 진입 장벽이 낮고 임상도 필요가 없다. 그러나 바이오 시밀러는 신약을 개발하듯이 임상 3상을 마치고 판매 허가까지 받아야 하기 때문에 돈도 시간도 제네릭과는 비교할 수 없을 정도로 많이 들어간다. 바이오 시밀러는 판매까지 가는 과정이 매우 어려워 전 세계 업체 수가 10여 개 안팎이고, 제네릭에 비해 약 생산이 쉽지 않아

약값이 급격하게 하락하지 않는다는 특징이 있다.

국내 대표 바이오 시밀러 회사는 셀트리온이다. 셀트리온은 2013년 바이오 시밀러 '램시마'를 만들어 유럽에서 세계 최초 승인을 받았다. 2016년엔 램시마가 미국 FDA 승인을 받아 판매되었다. 그뒤 트룩시마, 허쥬마 등이 FDA 승인을 받았다. 유럽에서도 램시마, 트룩시마, 허쥬마 등이 판매되었다. 바이오 시밀러는 승인만 받으면 출시가 가능할 것이란 기대가 컸으나 특허권을 가진 제약사들과의 특허 신경전이 벌어지면서 판매가 쉽지 않다는 현실이 드러나기도 했다.

그나마 셀트리온의 유통업체인 셀트리온헬스케어가 2019년 1조원대의 매출을 달성하면서 이러한 의구심들이 사그라들었지만, 바이오시밀러 업체 간에도 경쟁이 치열해 새로운 바이오 시밀러를 지속적으로 개발하지 않으면 경쟁력을 확보하는 데 어려움이 있다.

약 대신 만들어줘도 좋아, "돈 되네"

제약사들이 자가면역질환 치료제, 항암제 등 바이오 의약품이나 바이오 시밀러를 개발하기 위해선 수준 높은 품질 관리와 생산이 필수적인데 이를 전문으로 하는 바이오 의약품 위탁개발 및 생산업체도 있다.

이를 CMO(Contrat Manufacturing Organization)라고 한다. 바이

오 시밀러 등은 판매 허가를 받았지만 판매 규모가 예측이 안 될 때가 많다. 제약사 입장에선 공장을 얼마나 크게 지어야 할지 불확실성이 크다. 이런 불확실성에 돈을 들이는 것보다 CMO업체와 5~10년간 계약을 맺고 의약품을 생산하는 방식을 택하게 된 것이다.

세계 최대 생산 설비를 보유한 CMO업체는 삼성바이오로직스다. CMO는 대형 생산설비를 보유하고 있어야 하기 때문에 스위스 론자(Lonza), 독일 베링거 인겔하임(Boehringer Ingelheim) 등 소수가 주도하고 있다. 미국 비즈니스 컨설팅 회사인 프로스트 앤 설리번(Frost&Sullivan)에 따르면 세계 바이오 CMO시장 규모는 2019년 119억달러 규모로 향후 10년간 연 평균 13.4% 성장할 것으로 예상되고 있다.

왜 우리 할아버지는
'삼성전자'를 사지 않았을까?

왜 우리 할아버지는 강남에 땅 한 평 없을까. 강남이 논밭으로 가득했던 시절, 할아버지가 그곳에 단 한 평의 땅이라도 사놨다면 조상 덕 좀 봤을 텐데…. 몇 년 새, 집 값이 하늘 높이 치솟으면서 집을 샀느냐, 안 샀느냐에 따라 부(富)가 갈렸기 때문에 이런 말들이 생겨났다.

주식시장도 마찬가지다. 주식시장에선 '왜 우리 할아버지는 삼성전자를 한 주도 갖고 있지 않은 것일까'란 한탄이 나온다.

✎ 후대에 물려줄 주식을 찾아라

세상은 무섭도록 빠르게 변하고 내가 시대 흐름을 어떻게 읽어내고 어떤 선택을 하느냐에 따라 나뿐 아니라 내 자식 세대의 부도 달라질 수 있다.

2015~2016년 방영된 tvN 드라마 〈응답하라 1988〉이 더욱 해피엔딩처럼 느껴지는 것은 주인공이 당시엔 허허벌판이었던 판교로 이사를 갔

기 때문이었을 것이다. 판교는 한남동과 함께 제2의 강남이라고 불린다. 코스피 지수가 1000을 찍자 꼭지라며 설전을 벌이는 장면도 있었다.

연 17%의 은행 금리에 넣을 것인가, 유망하다는 삼성전자에 투자할 것인가? 어떤 선택을 하느냐에 따라 자식에게, 손주에게 지금의 '강남'을, '삼성전자'를 물려줄 수 있는 덕(?) 많은 조상이 될 수도 있었다.

삼성전자를 1997년 외환위기 때라도 1주 샀냐면 어땠을까. 그 시절 주가를 현 시점으로 환산하면 1천원 안팎이다. 2020년 7월 기준, 5만 2천원 선이니 52배 수익률을 냈을 것이다. TV를 만드는 가전업체에서 스마트폰, 이후 반도체로 이어지면서 삼성전자는 시대 흐름에 빠르게 적응해온 기업이다. 그런데 삼성전자가 단순한 내수용 가전업체에서 글로벌 무대를 호령하는 반도체 기업이 될 것이라고 예상한 사람은 많지 않았다. 굴지의 대기업도 픽픽 쓰러져가는 외환위기 때에는 더더욱 그랬다. 앞으로 한국이 어려움을 털고 일어날 것이라는 점과 삼성전자가 굴지의 글로벌 기업이 될 것이라는 걸 알아본 혜안을 가진 이만이 큰 수익을 얻을 수 있었다.

지난 50년간 삼성전자가 보여줬던 것처럼 앞으로의 50년을 바라보고 투자할 만한 기업은 어디인지 가려내는 것이 중요하다. 삼성전자는 앞으로의 50년도 후대에 물려줄 만한 주식이 될 것인가. 아니면 다른 기업에게 그 자리를 내줄 것인가.

✏️ "언택트하지만 컨택트해"

분명한 것은 지금이 바로 격변기라는 것이다. 4차 산업혁명과 전염병 (신종 코로나 바이러스)의 만남은 '언택트(Untact) 속에 컨택트(contact)'를 강화시켰다. 코로나에 주목을 받았던 회상회의 플랫폼 업체 줌(Zoom)이 대표적이다. 말 그대로 물리적으론 '언택트'하지만 온라인 네트워크로 '컨택트'한 사회가 부각되고 있는 것이다.

이는 향후 소비를 주도할 밀레니얼 세대(1980년대 초반~2000년대 초반 출생한 세대)의 특성과도 잘 부합한다. 현재 20~30대인 이들이 40~50대가 되면 부를 축적하고 소비의 중심에 서게 될 것이다. 이들의 특징은 SNS에 익숙해 자기표현 욕구가 강하고, 소유보다 공유에 가치를 두며, 건강에 관심이 많다는 것이다.

기자가 만난 한 자산운용사 펀드매니저는 밀레니얼 세대의 소비 패턴에 주목할 필요가 있다고 말했다. 이 펀드매니저는 한때 극장 관련주에 기대를 품었으나 생각보다 주가가 오르지 않아 고민이 많았다. '100년 넘게 유지되었던 비즈니스 모델이 왜 안 될까' 그런 고민을 하던 중 한 90년대생의 이야기를 듣고 깨달음을 얻었다고 한다. 바로 1시간 이상 휴대폰을 꺼놔야 하기 때문에 극장에 가길 꺼린다는 얘기였다. 단순히 코로나 때문에 사업이 잘 되지 않는 것인지, 소비 문화가 바뀌고 있는 것인지를 살펴봐야 할 때다.

실제로 밀레니얼 세대는 공부를 하면서도 자신을 드러내고 누군가와 연결되길 원한다. 유튜브에서 공부하는 장면을 생중계하는 것도 이런 특성을 보여준다. 과거엔 맛집에 가서 음식을 먹고 마시는 자체에 가치를 뒀으나 이제는 음식을 사진이나 동영상으로 찍어 SNS에 공유해야 그 경험에 가치가 생기는 것이다. 이런 공유가 없으면 그 경험은 가치가 떨어지게 된다. 이와 동시에 정반대 성향도 엿볼 수 있다. 자주 가는 식당이 있는데 어느 날 식당 주인이 단골임을 알아보고 아는 척을 하면 그 식당에 더이상 가고 싶지 않다는 얘기도 있다. 자기표현이 강하지만 동시에 익명성을 원하는 것도 이들의 특징이다.

✏️ 이미 변화하는 산업지형을 반영하고 있는 주식시장

코로나 이후 우리나라뿐 아니라 전 세계 증시가 이런 특성들을 반영하며 지각변동을 일으켰다. 현재의 주식시장은 향후 50년을 이끌어 갈 산업이 무엇인지 힌트를 주고 있다. 특히 이들 기업은 실적까지 받쳐주면서 구조적 성장이 이뤄지고 있다.

우리나라에선 네이버, 카카오 등 온라인플랫폼 업체들의 주가가 사상 최고치를 기록하며 폭등했다. 네이버는 삼성전자, SK하이닉스 다음으로 시가총액이 가장 높은 회사가 되었고(2020년 8월 10일 기준), 카카오는 시가총액 순위가 20위권 밖(2019년말)에서 10위권 내로 껑충 뛰었다. 미국에선 애플, 마이크로소프트, 아마존, 알파벳(구글의 모회사)의 가치가 더 높아졌다. 코로나 이후 일본에선 공장 자동화용 센서, 머신 비전(산업용 로봇이 사람의 인지·판단 기능을 대신해 제품 검사를 하는 것) 제작 업체인 '키엔스'가 한때 소프트뱅크를 누르고 시가총액 2위를 차지하기도 했다. 캐나다에선 전자상거래 플랫폼 구축 서비스 업체 '쇼피파이(Shopify)'가 로열 뱅크 오브 캐나다를 제치고 시가총액 1위에 올랐다(2020년 8월 기준). 이는 시사하는 바가 크다. 지금이 50년 후의 '강남', '삼성전자'가 되어 줄 기업을 찾아야 할 때라는 것이다.

좌충우돌 우리 시대 언니들의 배 아픈 투자 이야기
배 아픈 언니들의 억울해서 배우는 투자 이야기

정선영 · 전소영 · 강수지 지음 | 값 15,000원

이 책은 실화다. 절호의 투자 기회를 놓쳐 배 아픈 3명의 언니들이 나온다. 없는 돈이지만 조금 더 불려보겠다며 좌충우돌한 투자 경험담을 생생하게 담았다. 엄혹하고 냉정한 투자의 전선을 훨씬 친절하고 따뜻한 대화의 장으로 만들어주며, 아직도 투자에 망설이는 분들에게 큰 힘이 되어줄 것이다. 몇 억을 벌었다는 성공담보다는 '남들도 나랑 다르지 않구나' 하는 공감에서 용기를 얻고자 하는 분들에게 이 책을 권한다.

주식투자 왕초보가 꼭 알고 싶은 것들
내 인생의 첫 주식공부

백영 지음 | 값 17,500원

주린이인 당신이 주식문맹을 벗어나고 투자의 바른 길을 가도록 돕는 최고의 주식 교과서이다. 자기의 현재 상황과 수준에 맞지 않는 주식 유튜브나 주식 카페 등에 가입해서 단타 추종자가 되지 말고, 이 책을 줄 그어가며 열공해 온전히 자기 지식으로 만들어보자. 이 책을 통해 주식투자의 A부터 Z까지 하나씩 알아가면서 비로소 주식투자의 진면목과 방법들을 알아갈 수 있을 것이다.

코로나19 위기 이후의 핵심 주도주 공개
코로나 이후 사야 할 주식

이상헌 지음 | 값 16,000원

주식투자의 성공 비법은 사실 너무나도 간단하다. 시대를 이끌어가는 주도주를 사서 길게 보유하면 된다. 그러나 여기서 중요한 점이 있다. 시장이 아무리 좋아도 모든 주식이 상승하지는 않는다는 사실이다. 이 책은 언택트 라이프, 디지털 트랜스포메이션, 스마트 헬스케어 등 코로나19로 격변하고 있는 세상을 읽어준다. 그리고 새로운 시대의 주도주를 소개하고 있다. 이 책을 읽은 투자자만이 주식시장의 상승을 맛볼 것이다.

재테크 고수, 7일이면 충분하다
돈 걱정 없이 살고 싶다는 사람들에게

박미향 지음 | 값 15,000원

재테크에 관심은 많지만 어떻게 돈을 모아야 하는지조차 모르는 사람들에게 이 책은 안성맞춤이다. 고민하지 말고 이 책으로 지금 당장 7일 간의 돈 공부를 시작해보자. 소중한 내 돈이 어디서 어떻게 새고 있는지, 한 달 예산을 어떻게 세워야 하는지, 저축과 투자와 보험을 어떻게 해나가야 하는지 등을 공부하며 금융 문맹에서 재테크 고수로 멋지게 거듭날 수 있을 것이다.

부동산 초보 투자가가 가장 알고 싶은 것들
부동산투자가 처음입니다

성주원 · 김기덕 지음 | 값 16,000원

2019년의 부동산 열풍이 2020년에도 이어질 듯했지만 누구도 예상하지 못했던 코로나19 사태로 국내 경제는 물론 부동산시장도 불확실성에 휩싸이게 되었다. 이 책은 부동산 담당기자로 잔뼈가 굵은 저자들이 부동산시장에서 실패하는 초보자가 없기를 바라는 마음에서 집필했다. 이 책에서 들려주는 기본적인 부동산 기초 개념과 사례 등을 통해 흔들리지 않는 부동산 원칙을 세울 수 있을 것이다.

스토리로 읽는 경제학
재밌어서 술술 읽히는 경제 교양 수업

박병률 지음 | 값 16,000원

돈 걱정 없이 평온하게 인생을 살아가고 싶은 이들에게 이 책을 강력 추천한다. 금융문맹으로 살다보면 세상의 파고에도 쉽게 휩쓸려가 결국 돈 걱정 가득한 하루하루를 보내기 마련이다. 저자는 경제와 금융 분야 공부를 하면서 돈을 아끼지 않고 계획 없이 썼던 과거를 반성할 것을, 재무 목표를 세우고 통장을 쪼개고 저축과 투자를 병행하는 등 돈 관리를 하루라도 빨리 시작할 것을 당부한다.

이제껏 당신이 몰랐던 재무제표의 비밀
재무제표를 꿰뚫어보는법

양대천 지음 | 값 16,000원

주식투자자, 직장인, CEO, 중소기업인, 자영업자, 대학생 등에게 재무제표를 제대로 읽는 방법을 알려주는 책이다. 투자자이건, 기업에 있건 기업의 진정한 가격을 찾는 것은 이제 선택이 아닌 필수다. 이 책은 꼭 알아야 할 회계의 기본 구조를 알기 쉽게 설명하고 있으며, 재무제표를 분석하는 기법까지 제시해 현실에 응용할 수 있다. 당신이 지금까지 재무제표를 전혀 몰랐더라도 이 책 한 권이면 마침내 재무제표를 꿰뚫어볼 것이다.

인서울 부동산이 답이다!
서울의 부동산만 오를 것이다

김형근 지음 | 값 15,000원

추상적 논리가 아닌 주관적 분석 틀로 서울부동산이 앞으로도 계속 오를 수밖에 없는 이유를 들려주고, 나아가 서울에서도 미래가치가 높은 투자 유망지역을 알려주는 책이다. 저자는 서울지역 중에서도 유망지역에 사는 것이 거주를 목적으로 집테크할 수 있는 최고의 방법이라고 말한다. 비싼 서울 집값은 결국 앞으로도 그 가치가 계속 상승할 것이다. 서울에 집을 보유하는 것은 선택이 아닌 필수다.

■ **독자 여러분의 소중한 원고를 기다립니다** ─────────────

메이트북스는 독자 여러분의 소중한 원고를 기다리고 있습니다. 집필을 끝냈거나 집필중인 원고가 있으신 분은 khg0109@hanmail.net으로 원고의 간단한 기획의도와 개요, 연락처 등과 함께 보내주시면 최대한 빨리 검토한 후에 연락드리겠습니다. 머뭇거리지 마시고 언제라도 메이트북스의 문을 두드리시면 반갑게 맞이하겠습니다.

■ **메이트북스 SNS는 보물창고입니다** ─────────────

메이트북스 홈페이지 www.matebooks.co.kr

책에 대한 칼럼 및 신간정보, 베스트셀러 및 스테디셀러 정보뿐만 아니라 저자의 인터뷰 및 책 소개 동영상을 보실 수 있습니다.

메이트북스 유튜브 bit.ly/2qXrcUb

활발하게 업로드되는 저자의 인터뷰, 책 소개 동영상을 통해 책에서는 접할 수 없었던 입체적인 정보들을 경험하실 수 있습니다.

메이트북스 블로그 blog.naver.com/1n1media

1분 전문가 칼럼, 화제의 책, 화제의 동영상 등 독자 여러분을 위해 다양한 콘텐츠를 매일 올리고 있습니다.

메이트북스 네이버 포스트 post.naver.com/1n1media

도서 내용을 재구성해 만든 블로그형, 카드뉴스형 포스트를 통해 유익하고 통찰력 있는 정보들을 경험하실 수 있습니다.

STEP 1. 네이버 검색창 옆의 카메라 모양 아이콘을 누르세요.   STEP 2. 스마트렌즈를 통해 각 QR코드를 스캔하시면 됩니다.
STEP 3. 팝업창을 누르시면 메이트북스의 SNS가 나옵니다.